用于国家职业技能鉴定

国家职业资格培训教程

YONGYU GUOJIA ZHIYE JINENG JIANDING

GUOJIA ZHIYE ZIGE PEIXUN JIAOCHENG

快递业务员

（初级）

主　编　钱黎阳　周海明

编　者　刘丽华　岳丽娜　赵永强　高　沂　周晓辉
史新峰　朱长征　李彩凤　邹　龙　王轼颖
张晓姣

审　稿　闫世萍　张延峰　程　俊　王　姣　樊相宇
张健雄　王　瑞

中国劳动社会保障出版社

图书在版编目(CIP)数据

快递业务员：初级/人力资源和社会保障部教材办公室组织编写. —北京：中国劳动社会保障出版社，2010

国家职业资格培训教程

ISBN 978-7-5045-8331-4

Ⅰ.①快… Ⅱ.①人… Ⅲ.①邮件投递-技术培训-教材 Ⅳ.①F618.1

中国版本图书馆 CIP 数据核字(2010)第 093166 号

中国劳动社会保障出版社出版发行

(北京市惠新东街 1 号 邮政编码：100029)

出 版 人：张梦欣

*

北京谊兴印刷有限公司印刷装订 新华书店经销

787 毫米×1092 毫米 16 开本 7.5 印张 157 千字

2010 年 5 月第 1 版 2020 年 12 月第 16 次印刷

定价：15.00 元

读者服务部电话：(010) 64929211/84209101/64921644

营销中心电话：(010) 64962347

出版社网址：http://www.class.com.cn

内容简介

本教材由人力资源和社会保障部教材办公室组织编写。教材以《国家职业技能标准·快递业务员（试行）》为依据，紧紧围绕“以企业需求为导向，以职业能力为核心”的编写理念，力求突出职业技能培训特色，满足职业技能培训与鉴定考核的需要。

本教材详细介绍了初级快递业务员要求掌握的最新实用知识和技术。全书分为六个模块单元，主要内容包括：快件收寄、派送、接收、分拣、封发及客户服务。其中第1单元至第3单元为“快件收派”模块考核的内容，第4单元至第6单元为“快件处理”模块考核的内容。

本教材是初级快递业务员职业技能培训与鉴定考核用书，也可供相关人员参加就业培训、岗位培训使用。

前　言

1994 年以来，原劳动和社会保障部职业技能鉴定中心、教材办公室和中国劳动社会保障出版社组织有关方面专家，依据《中华人民共和国职业技能鉴定规范》，编写出版了职业技能鉴定教材及其配套的职业技能鉴定指导 200 余种，作为考前培训的权威性教材，受到全国各级培训、鉴定机构的欢迎，有力地推动了职业技能鉴定工作的开展。

原劳动保障部从 2000 年开始陆续制定并颁布了国家职业标准。同时，社会经济、技术不断发展，企业对劳动力素质提出了更高的要求。为了适应新形势，为各级培训、鉴定部门和广大受培训者提供优质服务，人力资源和社会保障部教材办公室组织有关专家、技术人员和职业培训教学管理人员、教师，依据国家职业标准和企业对各类技能人才的需求，研发了职业技能培训鉴定教材。

新编写的教材具有以下主要特点：

在编写原则上，突出以职业能力为核心。教材编写贯穿“以职业标准为依据，以企业需求为导向，以职业能力为核心”的理念，依据国家职业标准，结合企业实际，反映岗位需求，突出新知识、新技术、新工艺、新方法，注重职业能力培养。凡是职业岗位工作中要求掌握的知识和技能，均作详细介绍。

在使用功能上，注重服务于培训和鉴定。根据职业发展的实际情况和培训需求，教材力求体现职业培训的规律，反映职业技能鉴定考核的基本要求，满足培训对象参加各级各类鉴定考试的需要。

在编写模式上，采用分级模块化编写。纵向上，教材按照国家职业资格等级单独成册，各等级合理衔接、步步提升，为技能人才培养搭建科学的阶梯型培训架构。横向上，教材按照职业功能分模块展开，安排足量、适用的内容，贴近生产实际，贴近培训对象需要，贴近市场需求。

在内容安排上，增强教材的可读性。为便于培训、鉴定部门在有限的时间内把最重要的知识和技能传授给培训对象，同时也便于培训对象迅速抓住重点，提高学习效率，在教材中精心设置了“培训目标”等栏目，以提示应该达到的目标，需要掌握的重点、难点、鉴定点和有关的扩展知识。

本书在编写过程中得到西安邮电学院的大力支持和热情帮助，在此一并致以诚挚的谢意。

编写教材有相当的难度，是一项探索性工作。由于时间仓促，不足之处在所难免，恳切希望各使用单位和个人对教材提出宝贵意见，以便修订时加以完善。

人力资源和社会保障部教材办公室

目 录

第1单元

快件收寄

快件收寄是快件服务的一项重要工作，是快递从业人员日常工作之一。这项工作需要与顾客接触，必须能够指导顾客准确填写快递运单。快件收寄也是快递服务最开始的环节，必须掌握有关快件收验以及后续处理的技能，才能准确、有效地为顾客提供服务，同时也为随后快件处理的其他环节做好保障。

第一节 收寄指导

培训目标

- 能向客户说明寄递快件的服务范围、资费标准、时限、运输方式、保价和赔偿的相关规定
- 能指导客户正确、完整填写运单
- 能提示客户阅读快递合同条款
- 能告知客户快件查询、更址、撤回和索赔的渠道

快件业务是针对小体积高价值物品的速递服务，其服务对象既有生产类客户，也有消费类客户，因此，快递产业属于生产性服务与消费性服务相兼得的现代服务业。各个快递公司在快件服务的质量和时间上可能会存在一定的差别，但大致流程基本上是一致的。

一、快件业务流程

快件业务流程可大致分为一般快件业务流程和国际快件业务流程两类。

1. 一般快件业务流程

（1）客户服务中心根据客户的下单，派车收取快件或通过前台收取快件。

（2）经收发站汇总、整合后快件运送至服务中心。

（3）服务中心在完成规定的程序（如射频扫描、重量复查、分类以及生成文档资料等）后，根据快件目的地进行分拣。

（4）最后直接派车送件，或将快件配送至目的地服务中心进行寄送。

由此可以将国内快递服务按其业务环节划分为五个阶段，即收件环节、仓储环节、中转环节、运输环节和派送环节。每个环节还可以再细分，比如，可以将派送环节进一步细分为派件一级中转、派件运输、派件二级中转和快件投递等环节。

2. 国际快件业务流程

与国内快件业务流程基本相似，不同之处在于开展国际快件服务时，是从源寄地所在国出口和目的地所在国进口，都需要进行对快件的报检、报关等通关手续，除此之外其他环节都与国内快件业务类似。可以这样认为：国际快件服务是国内快件服务的延伸，国际快件在出口前和进口后，业务流程与国内快件基本相同。其基本业务流程如图1—1所示。

二、快件运单

快递的运单也叫快递详情单，是用于记录快件原始收寄信息及服务约定的单据。运单具有契约性质，当寄件人以物品所有人或代理人的名义填写运单，并签字署名后即表示接受和遵守运单背书条款，各项填写运单内容受法律保护。

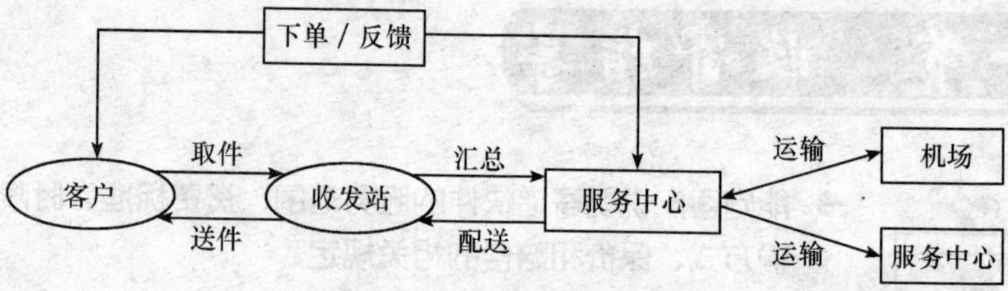

图 1—1　国际快件流程

1. 运单填写内容

以中国邮政特快专递 EMS 国内特快专递邮件详情单为例（见图 1—2），主要填写以下内容：

图 1—2　国内特快专递邮件详情单

（1）寄件人姓名（A_1）、电话（A_2）。详细填写寄件人姓名、有效的联系电话。

（2）寄件人单位名称（B）。详细填写寄件人的单位名称，如是个人地址，则无须填写。

（3）寄件人地址（C）。详细填写寄件人单位或个人地址、邮政编码，如有用户代码，则由快递人员填写。为邮件安全迅速传递，须详细、准确填写。

（4）内件分类（D）。注明邮件的内件性质。

（5）内件品名（E）。注明内装物品的具体名称。

（6）数量（F）。注明内装物品的具体数量。

（7）保价栏（G）。如需保价，请选择此项并注明需保价的金额，最高不应超过 10 万元人民币。

（8）交寄人签名（H）。请交寄人确认所填写内容，认可详情单背面使用须知后签名。

（9）收件人姓名（I_1）、电话（I_2）。详细填写收件人姓名、有效的联系电话。

（10）收件人单位名称（J）。详细填写收件人的单位名称，如寄往收件人个人地址，则无须填写。

（11）收件人地址（K）。详细填写收件人的单位或个人地址、邮政编码及相应的城市名。为邮件安全迅速传递，收件人地址须详细、准确。

（12）收件人签名（L）。收到邮件时须签名（章）确认并填写具体收到邮件的日期、时间。若是他人代签收、签名（章）后，还需注明有效证件名称、号码和代收关系。

（13）备注（M）。如需说明情况，请在此栏填写。

详情单上其他项目由快递工作人员填写。

2. 运单各联的用途

运单的每一联，都有各自的用途。下面以中国邮政特快专递 EMS 国际特快专递邮件详情单为例介绍各联的用途。

第一联（收件存根/1）收件人存，由快递公司的发货地作业中心存留，用来计算取件票数和营业收入，以及客户查询。

第二联（随件单/2）投递局存，是货物转运的凭证，粘贴在快件外包装上，始终跟着货物走。

第三联（报关单/3）海关存，由海关和机场存留用于香港件的报关。

第四联（派件存根/4）收寄局存，由快递公司的接货地作业中心留存，用来计算派送票数和营业收入，以及客户查询。

第五联（寄件人存根/5）寄件人存，由发件客户留存，用于快件查询。

三、快件的计费、时限及保价

国家邮政局颁布的《中华人民共和国邮政行业标准·快递服务》（简称《标准》）已从 2008 年 1 月 1 日起实施，该《标准》从服务时限、服务费用、赔偿标准等多个方面对快递行业作出了规范。

1. 快件的计费原则

（1）告知原则。快递服务组织应在提供服务前告知顾客服务费用计算方式。告知的内容应包括：

1）快递服务计费的起重及费用；

2）快递服务的续重及计费单价；

3）附加服务的费用。

目前，国内和国际的各大快递公司普遍根据快件目的地将快件划分为国内快件、国际及我国港澳台地区快件，依照不同的资费标准进行计费。其中又将国内和国际快件根据经济及交通环境等因素划分为若干区域实行不同的资费标准。另外，快件内件也分为文件和物品两大类执行不同的资费标准。下面以 EMS 为例介绍国内、国际特快专递资费标准。

国内特快专递业务资费见表 1—1。

国际及我国港澳地区特快专递业务资费见表 1—2。

表 1—1　　国内特快专递业务资费

起重资费	续重资费		
起重 500 g 及以内	每续重 500 g 或其零数		
	1 500 km 及以内（一区）	1 500 km 以上至 2 500 km（二区）	2 500 km 以上（三区）
20 元	6 元	9 元	15 元

注：①运距按省会城市之间的距离核定，具体资费标准以分省资费表为准。
②省内续重资费可执行一区资费标准，也可由各省（自治区、直辖市）邮政局根据本地情况自定。
③同城特快专递业务资费标准由各省（自治区、直辖市）邮政局自定。

表 1—2　　国际及我国港澳地区特快专递业务资费

资费区	国际及我国港澳地区特快专递邮件通达国家地区	起重 500 g		续重 500 g 或其零数
		文件	物品	
一区	香港、澳门	90	150	30
二区	日本、韩国、蒙古	115	180	40
三区	马来西亚、新加坡、泰国、越南、柬埔寨	130	190	45
四区	澳大利亚、新西兰、巴布亚新几内亚	160	210	55
五区	比利时、英国、丹麦、芬兰、希腊、爱尔兰、意大利、卢森堡、马耳他、挪威、葡萄牙、瑞士、（德国、荷兰、瑞典）	220	280	75
六区	美国	180	240	75
七区	老挝、巴基斯坦、斯里兰卡、土耳其、尼泊尔	250	325	90
八区	巴西、古巴、圭亚那	260	335	100
九区	巴林、伊朗、伊拉克、以色列、约旦、科威特、科特迪瓦、吉布提、肯尼亚、马达加斯加、阿曼、卡塔尔、塞内加尔、突尼斯、阿联酋、乌干达	370	445	120
十区	开曼群岛、捷克、俄罗斯、拉脱维亚、哈萨克斯坦、白俄罗斯	380	455	120

注：①单件重量不超过 500 g 的物品类邮件可按文件类收取资费。
②本表中的一区资费指广东、福建以外其他省份寄往我国香港、澳门地区的特快专递邮件的资费。
③上表所列通达国家和地区范围仅供参考。

（2）重量计费原则。快件的计费重量是以快件实际重量（毛重）和体积重量相比，取二者中较大者而确定。

2. 快件的时限要求

快递服务时限是指快递服务组织从收寄开始，到第一次投递的时间间隔。《标准》规定除了与顾客有特殊约定（如偏远地区）外，服务时限应满足以下要求：

（1）同城快递服务时限不超过 24 小时；

（2）国内异地快递服务时限不超过 72 小时。

3. 快件的保价

快件的保价是指由寄件人对价值较高的货物声明其价值，并就其所声明的价值按一

单元 1

定比例在运费外再额外支付保价费。保价快件如发生丢失、损毁或短少，按实际损失价值赔偿，但最高不超过相关快件的保价金额。未按规定交纳保价费的快件，不属于保价快件。未保价快件如发生丢失、损毁或短少，按实际损失赔偿，最高不超过所付运费的两倍（或五倍）。

四、快件收寄流程

快件的收寄是指快递服务组织接收快件并收存寄件人填写的快递运单的过程。

1. 前台收件

前台收件是快件进入快递网络的第一环节，一般始于客户到达前台要求寄件，其标准流程：确认是否可以承运⟶安全检查⟶贴标签⟶收取现金⟶填写运单⟶完美包装⟶产生检查点。

2. 上门取件

上门取件是客户致电快递公司，由快递公司派取件员到客户处收取快件。取件就是“收取和承运”快件。取件流程相对来说比较复杂，具体流程如下：

客户确定需要快递的物品，整理物品、做物品清单、包装包裹（也可由快递公司代为包装和免费提供物料，一般需提前预约）

⇩

客户准备好收件方信息，包括收件人姓名、地址、电话等

⇩

客户拨打所在地的客户寄件热线，将有接线员询问取件地址、联系方式、快件种类和目的地等。接线员通知快递业务员上门取件

⇩

快递服务组织安排收件人员上门收取快件，取件流程与前台接收流程大致类似，只是要在前台收件基本流程之前加入取件准备，收件完成后运输入库

五、快件收寄作业标准

快件收寄环节作业必须进行安全检查，称重，在必要时还要获取体积重量，同时还必须及时与内勤部进行交接。

1. 前台收件作业标准

（1）收寄前的准备

1）准备好必备的封装材料，如快件专用封套、包装箱、塑料封套、填充物等。

2）向寄件人提供快件运单。

3）提醒寄件人阅读快件运单使用须知。

4）指导寄件人正确填写详情单。

（2）审核运单

1）是否用蓝色、黑色圆珠笔、钢笔等用力填写，各联字迹是否清晰可辨。

2）收、寄件人姓名（或单位）、电话号码、详细地址和邮政编码是否在指定位置填写。

3）保价金额、内件名称、数量、付款方式是否明确标出。

（3）审核快件

1）查验内件是否符合快递邮件禁限寄规定。

2）验看内件性质、数量是否与详单填写一致。

3）验看快件重量、尺寸、封装是否符合规定。

4）粘贴详情单。

5）快件称重并测量快件规格。

6）根据快件的重量或体积计算并收取资费。

7）如有需要，开具发票。

（4）后续处理

1）制作打印快件清单。

2）准备交接快件。

3）结清当日营业款。

2. 上门取件作业标准

与前台取件相比相对复杂。上门取件工作是快递服务组织与客户接触的最前沿，在履行常规作业标准的同时，还要保持穿着整洁、谈吐礼貌等。快递业务员在接收到取件任务时，要根据当时的工作量及交通等状况来决定是否能及时到达客户的住处收取快件。在收取快件时，鉴别是否是禁运品和危险品，为安全运输把好第一关。

（1）收寄前的准备

1）检查交通工具和通信工具是否正常，确保其性能良好。

2）带齐取件所需的物品和工具。包括：运单、包装袋、胶带、卷尺、手提秤、小刀、圆珠笔、大头笔、收据（发票一般不带），内部服务手册。

3）在收到接单组取件通知后，必须在一小时内赶到寄件客户处。

4）如在收到取件通知后发现寄件客户不在自己所负责的区域内，应立即通知接单组，更改通知对象。

（2）审核运单。具体操作与前台取件相同。

（3）审核快件。具体操作与前台取件相同。

（4）后续处理。完成取件任务后，应按规定时间返回公司，运输过程中须注意以下几点：

1）装车和卸车时，应轻拿轻放、摆放整齐，防止散包或物品损坏。

2）对于大件物品或超长超重的货物，要由两人一起搬动，应主动请人帮忙。

3）体积小的易碎件，应放在大件或重货的上面；体积大的易碎件，应通知公司用大车运回，以免损坏。

4）用摩托车和自行车驮运时，文件类的小件应装入随身背包里，以免运送中不慎掉落。同时，用胶带将快件捆绑牢固，以免运送中不慎掉落。

特别提示
国际快件在收寄环节中，须额外验视海关清关的相应材料是否齐备，如报关单、内件发票或形式发票等。

六、快件的运输方式

快递讲求时效性，依靠方便快捷的现代交通工具，在规定的时间内将物件送达目的地，实现门到门的一站式服务。快递企业根据不同客户需求，采取不同的运输方式。一般说来，主要有三种运输方式可供选择，即铁路运输、公路运输和航空运输，每种运输方式都有其自身的优缺点。

1. 铁路运输

铁路运输的优点是速度快，运量大，运费低，准确性和安全性高。但是，其机动性不强。尽管大量运输，采用整车发运，运费比较便宜，但是，有时它不得不耽搁很多时间等待列车编组发运。在长途运输的过程中，或在整个运输的某一地点，铁路还要依赖其他运输工具实现物资从产地到车站、中转方、收货方的短途运输来衔接。因此，在某些情况下，随着运输环节和等待时间的增加，铁路运输总体费用会不合理地上升，而提供给市场的时间效用则相对下降。

2. 公路运输

公路运输的主要缺点是运载量小、耗能大、成本高，不宜载运大宗笨重货物作远距离运输。但公路运输有较强的灵活性和机动性，可实现“门到门”的运输，货物送达速度较快。

3. 航空运输

航空运输速度快，可跨越各种天然障碍，航线最直，可以到达其他运输方式不易到达的地方。但航空运输费用高、运量小。

七、快件的查询、更址和撤回及索赔

1. 快件的查询

快件查询是快件服务组织向顾客反馈快件传递质量的一种服务方式，快递服务组织应向顾客提供电话或互联网等查询渠道。

（1）快件查询渠道

1）网站查询。进入快递公司的网站，有查询物流状态，可直接把运单号输入，即可看到快递的进程。现在快递都是采用条形码追踪的方法。数据库会留一个接口，让客户可以通过网站自己查询跟踪。

2）电话查询。客户可拨打客服热线告诉服务人员运单号码即可进行查询。

3）营业窗口查询。到客户交寄快件的营业厅办理查询手续。营业窗口受理快件查询时客户应提供：快件详情单寄件人存联或快件收据（如非寄件人受寄件人委托办理查询，应提供快件收据或快件详情单及寄件人和本人有效证件）。

4）传真查询。客户通过传真方式查询快件信息。

5）手机短信查询。在手机的短信中输入交寄的邮件号码后，发送到快递服务组织指定的查询号码，客户会收到快件当前状态等信息。

（2）快件查询方法。下面以查询 EMS 邮件为例进行介绍。

1）拨打 EMS 客户服务电话（当地电话区号＋11185）。查询服务接听电话的操作流程：

接听电话→招呼用语→询问姓名及快件单号→复述客户资料（以免听错或客户报错）→登录内部网查询快件动态→3 分钟内解答客户提问→询问客户是否还需要其他帮助→确认无其他需要后结束用语→客户挂机后再挂机。

2）登录 www. ems. com. cn 查询。查询国际 EMS 邮件时，还可通过查询链接，进入相关国家和地区邮政网站查询。EMS 邮件的传递信息只有在相关环节处理过后才能在网上查到。一般来讲，在快件发出的 4 个小时后即可查到快件的传递处理信息。

3）EMS 邮件短信查询服务。可通过国内入网的手机、小灵通手机网络覆盖或安装了小灵通系统的地点，按特定的格式向 EMS 邮件信息短信查询系统特服号码“10665185”发送短信，便可查询 EMS 邮件信息。具体查询方法如下：

①输入 EMSZF＋［空格］＋EMS 邮件的寄出省名称、寄达省名称、估计的邮件重量，发送至 10665185，系统将返回给客户该快件的估算资费。

②输入 EMS 邮件编号后，发送至 10665185，即可获得该 EMS 邮件的最新状态。系统反馈单条短信。

③输入 EMSHY＋［空格］＋［EMS 邮件编号］后（每条短信只能输入一个快件号码），发送至 10665185，当该 EMS 邮件的妥投信息录入数据库后，系统会自动反馈短信。系统不反馈未妥投等信息。

④输入 DQEMS 邮件编号或 EMSZT＋［空格］＋［EMS 邮件编号］后（每条短信只能输入一个快件号码），发送至 10665185，系统将自动返回给用户该快件当前及以后各阶段的状态信息，如“离开××处理中心”“到达××处理中心”“妥投（未妥投）”等。

⑤输入 BZ 后，发送至 10665185，为用户提供帮助信息，如客服电话等。

4）除以上查询方式外，寄件人可持 EMS 邮件详情单（寄件人存联）和收据到交寄 EMS 邮件的邮局办理查询。

（3）快件查询的有效期。特快专递邮件查询期限则为 4 个月。

2. 快件的更址

快件的更址即更改派送地址，指由于派送地址无人签收、收件人搬迁或其他原因，客户要求将快件改寄其他地址。

（1）处理方法

1）收件人要求更改派送地址，必须向发件人确认此事。

2）确认运单号码，确认快件正在运输途中，要求客户传真确认函。

3）确认两程运费的支付人，确认新的收费事项，重新制作运单。

（2）操作流程

1）确认快件是否已被派送，客户须提供更改派送地址的确认函。

2）重新制作运单，传真确认函，做好登记工作。

3）先程运费是寄付的，须确认后程运费的支付人。

4）先程运费是到付的，须确认两程运费的支付人。

5）跟进过程及结果，输入查询系统备案。

其中，后程、第二程运费，是指“转寄地”到“目的地”的运费。

寄件人在向快递服务组织提出更址申请时，快递服务组织应告知寄件人需要承担更址费用并告知费用标准。

3. 快件的撤回

由于派送地址无人签收、收件人搬迁、客户将物品寄错或其他原因，客户要求将快件撤回。

（1）撤回条件。满足以下条件的快件可以申请撤回：

1）同城和国内异地快递服务，快件尚未首次投递。

2）港、澳、台地区快递服务，快递尚未出口验关。

3）国际快递服务，快件尚未出口验关。

（2）操作流程

1）确认快件是否已被送出。客户须提供邮件撤回的确认函。

2）未被送出情况下，重新制作运单，传真确认函，做好登记工作。

3）已被送出情况下，需输入查询系统跟进过程及结果，做出相应处理。

寄件人在向快递服务组织提出撤回申请时，快递服务组织应告知寄件人需要承担撤回费用并告知费用标准。

4. 快件的索赔

（1）赔付对象。快件赔付的对象应为寄件人或寄件人指定的受益人。

（2）索赔因素。索赔因素主要包括快件延误、丢失、损毁和内件不符。

1）快件延误。指快件的投递时间超出快递服务组织承诺的服务时限，但尚未超出彻底延误时限。

2）快件丢失。指快递服务组织在彻底延误时限到达时仍未能投递快件，与顾客有特殊约定的情况除外。

3）快件损毁。指快递服务组织寄递快件时，由于快件封装不完整等原因，致使快件失去部分价值或全部价值。与顾客有特殊约定的情况除外。

4）内件不符。是指内件的品名、数量和重量与快递运单不符。

（3）索赔例外情形。有下列情形之一的，快递服务组织可不负赔偿责任：

1）由于顾客的责任或者所寄物品本身的原因造成快件损失或延误的。

2）由于不可抗力的原因造成损失的（保价快件除外）。

3）寄递的物品违反禁寄或限寄规定的，经主管机关没收或依照有关法规处理的。

4）投交时快件封装完好，无拆动痕迹，且收件人已按规定手续签收，事后收件人发现内件短少或损毁的。

5）客户自交寄快件之日起至查询期满未查询又未提出赔偿要求的。

6）国际快件被寄达国按其国内法令扣留、没收或销毁的。

（4）赔偿原则。快递服务组织与客户之间有约定的应依据约定赔偿，没有约定的可按以下原则执行：

1）快件延误。延误的赔偿应为免除本次服务费用（不含保价等附加费用）。由于延误导致内件直接价值丧失，应按照快件丢失或损毁进行赔偿。

2）快件丢失。快件丢失赔偿应主要包括：快件发生丢失时，免除本次服务费用（不含保价等附加费用）；购买保价（保险）的快件，快递服务组织按照被保价（保险）金额进行赔偿；对于没有购买保价（保险）的快件，按照《中华人民共和国邮政法》及其实施细则及相关规定办理。

3）快件损毁。快件损毁赔偿应主要包括完全损毁和部分损毁两类：

①完全损毁。指快件价值完全丧失，参照快件丢失赔偿的规定执行。

②部分损毁。指快件价值部分丧失，依据快件丧失价值占总价值的比例，按照快件丢失赔偿额度的相同比例进行赔偿。

4）内件不符。内件不符赔偿主要包括两种情况：内件品名与寄件人填写品名不符，按照完全损毁赔偿；内件品名相同，数量和重量不符，按照部分损毁赔偿。

（5）受理索赔期限。快递服务组织受理索赔期限应为收寄快件之日起 1 年内。

（6）索赔程序

1）索赔申告。寄件人在超出快递服务组织承诺的服务时限、并且不超出快件受理索赔期限内，可以依据索赔因素向快递服务组织提出索赔申告。快递服务组织应提供索赔申告单给寄件人，寄件人填写后交快递服务组织。

2）索赔受理。快递服务组织应在收到寄件人的索赔申告单 24 小时内答复寄件人，并告知寄件人索赔处理时限。

3）索赔处理时限。索赔处理时限指从快递服务组织就索赔申告答复寄件人开始，到快递服务组织提出赔偿方案的时间间隔。快递服务组织除了与寄件人有特殊约定外，索赔处理时限应不超过以下时限：同城和国内异地（含港、澳、台地区）快件为 30 天，国际快件为 60 天。

4）赔金支付。快递服务组织与寄件人就赔偿数额达成一致后，应在 7 天内向寄件人或寄件人指定的受益人支付赔金。

5）索赔争议的解决。寄件人与快递服务组织就是否赔偿、赔偿金额或赔金支付等问题可先行协商，协商不一致的，可依法选择投诉、申诉、仲裁、起诉等方式，如选择仲裁，应在收寄时约定仲裁地点和仲裁机构。

第二节　快件收验

培训目标
- → 能识别快件包装是否符合标准
- → 能识别快件是否为禁限寄物品
- → 能按流程收寄快件并计算、收取快件资费

一、快件收验操作程序

1. 查验快件

在上门取件方式下，对于客户已封装好的快件，快件业务员必须征得客户同意后方可开箱检查快件内容，核对内容物申报资料属实后且无公司规定的拒收寄物品、无损坏、包装符合标准才能接收。若客户不愿当面检验货物，要委婉向客户解释说明服务契约，尽量争取客户理解。

2. 处理易碎物品和贵重物品

（1）易碎物品。为避免货物在运送过程中受到挤压造成破损，协助客户按运输要求进行包装，对容易破损或易变形的货物，在外箱上粘贴“易碎”标贴。

（2）收取贵重物品时，参照贵重物品包装要求包装并粘贴封签，请客户签名。

3. 计算运费

（1）一般货物可直接用弹簧秤或磅秤称取重量。

（2）对于与客户协商好的取货物实际重与材积重中最大者计算的，务必用卷尺量体积，写下体积尺寸，并算出材积重量。如果是不规则物品，取其长、宽、高最大值，无尾数，尾数无条件升成下一位整数。比较材积重量和实际重量，材积重量大于实际重量的要取材积重量作为计费重量。

（3）按价格表计算价格，确认付款方式，重量和价格不能有任何涂改。

4. 请用户提供其他单证

如接收需要其他单证才能通关或清关、派送的货物，务必请客户提供有效单证，以便顺利的申报、清关、派送，如进仓货物的进仓单，国际空运件的“INVOICE”“PACKING LIST”，国际件 CC 付货物的《到付保证函》，单独报关货物的报关单、报关手册或合同、报关委托书、INVOICE（发票）、PACKING LIST（货物清单）、核销单等单证。

5. 请客户确认并收取运费

（1）上述操作完成后应请客户确认并在“寄件人签名”栏签名。

（2）如属现付应及时向寄件人收取运费，并将寄件人留底联交寄件人。收件人付款的需向寄件人声明：若收方不同意付款，一律改由寄件人付款。

二、快件重量和规格要求

快件的重量限度是指对快件的单件所规定的最高重量限制。我国《快递服务行业标准》明确规定：快件的单件重量不宜超过 50 kg，快件的单件包装规格为快件任何一边的长度不宜超过 150 cm，长、宽、高三边长度之和不宜超过 300 cm。

各快递公司都有自己的快件尺寸限制，以下将以 EMS 为例进行详细介绍。

1. 国内邮件尺寸限度（见表 1—3）

表 1—3　　国内邮件尺寸限度表

邮件类别	尺寸限度		附注
	最大	最小	
信函	专用封套规格长度 324 mm，宽度 229 mm，公差 2 mm		无法装入专用封套的应封入纸质包装箱、特惠箱
包裹	包装箱的最大尺寸：长度不超过 1 500 mm，长度和长度以外最大横周合计不超过 3 000 mm，公差 2 mm。特殊的以能装入 51 号邮袋为限	包装箱至少有一面的长度尺寸不小于 250 mm，宽度不小于 170 mm 为限（公差 2 mm）	圆卷型包装的最小尺寸为长度 300 mm、直径 60 mm（公差 2 mm），其最大尺寸为直径的 2 倍和长度合计 1 500 mm、长度 1 500 mm（公差 2 mm）

2. 国际及我国港澳台地区快件尺寸限度表（见表 1—4）

表 1—4　　国际及我国港澳台地区快件尺寸限度表

邮件类别	尺寸限度		附注
	最大	最小	
信函	专用封套规格长度 229 mm，宽度 162 mm，公差 2 mm		无法装入专用封套的应封入纸质包装箱、特惠箱
文件资料	1. 扁平型文件资料，厚度不大于 10 mm，应装入特快专递标准信封内寄递，尺寸长度为 324 毫米，宽度为 229 mm，公差 2 mm 2. 无法装入标准信封且厚度不大于 100 mm 的文件资料，可使用两层以上坚韧的包装袋，但封面必须平整，其长度不小于 215 mm，宽度不小于 130 mm		厚度不小于 100 mm 的文件资料，应封入纸质包装箱、包装盒内交寄，尺寸限度同国际特快专递邮件（物品）
物品	1. 包装箱、盒的最大尺寸：长度不大于 1 050 mm，长度和长度以外的最大横周合计不超过 2 000 mm，公差 2 mm 2. 圆卷型：最大长度 900 mm，直径的两倍及长度合计不大于 1 040 mm	1. 包装箱、盒至少有一面的长度不小于 215 mm，宽度不小于 130 mm 2. 圆卷形：最小长度 300 mm，直径 60 mm	物品类邮件，除平整型纺织品及细小物品等可封入标准信封或包装袋内寄递外，一律应装入纸质包装箱、盒内交寄

注：①最大横周是指该物品的宽、高相邻四边相加。

②国际特快专递邮件的重量、尺寸在寄达国邮政另有规定时，应按寄达国邮政的有关规定办理。

3. 最大尺寸的计量

(1) 长方体包装箱、盒的最大尺寸计量。其公式为：

最大尺寸＝长度＋长度以外最大横周

最大横周指该物品的宽、高相邻四边的相加，如图 1—3 所示。

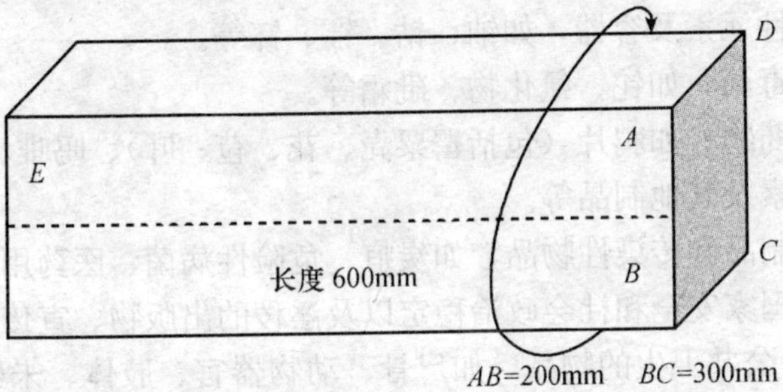

图 1—3　包装箱、盒最大尺寸计量

图 1—3 中包装箱、盒物品测量方法：先量物品长度，即 $AE=600$ mm；再量宽、高面的最大横周 $ABCD=1\ 000$mm，则此长方形物品的最大尺寸为：

$$600+1\ 000=1\ 600\ \text{mm}$$

(2) 圆卷形包装的最大尺寸计量。其公式为：

最大尺寸＝直径×2＋长度

圆卷形物品最大尺寸的计量方法如图 1—4 所示，将图中的尺寸代入公式即得最大尺寸为：

$$50\times2+600=700\ \text{mm}$$

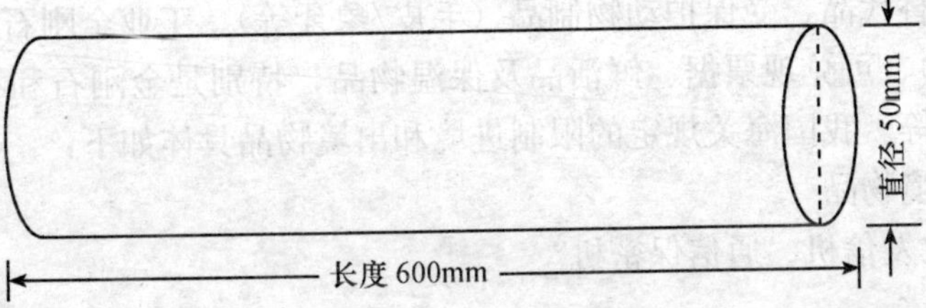

图 1—4　圆卷形包装最大尺寸计量

单元 1

三、禁限寄物品的相关规定

1. 禁寄品

禁寄品是指在任何情况下，都无条件的不受理不承运的物品。根据国际通行惯例，禁寄品包括：动物、尸体、骨灰、军火、金条、银条、流通货币、色情物品、危险品、可议付的物品、法律所禁用的药品及麻醉剂、任何地方法律或当地政府所禁运的物品等。

中华人民共和国国家法律、法规明令禁止寄递的物品主要包括以下 14 类：

(1) 各类武器、弹药，如枪支、子弹、炮弹、手榴弹、地雷、炸弹等。

(2) 各类易爆炸性物品，如雷管、炸药、火药、鞭炮等。

（3）各类易燃烧性物品，包括液体、气体和固体，如汽油、煤油、桐油、酒精、生漆、柴油、气雾剂、气体打火机、瓦斯气瓶、磷、硫黄、火柴等。

（4）各类易腐蚀性物品，如火硫酸、盐酸、硝酸、有机溶剂、农药、双氧水、危险化学品等。

（5）各类放射性元素及容器，如铀、钴、镭、钚等。

（6）各类烈性毒药，如铊、氰化物、砒霜等。

（7）各类麻醉药物，如鸦片（包括罂粟壳、花、苞、叶）、吗啡、可卡因、海洛因、大麻、冰毒、麻黄素及其他制品等。

（8）各类生化制品和传染性物品，如炭疽、危险性病菌、医药用废弃物等。

（9）各种危害国家安全和社会政治稳定以及淫秽的出版物、宣传品、印刷品等。

（10）各种妨害公共卫生的物品，如尸骨、动物器官、肢体、未经硝制的兽皮、未经药制的兽骨等。

（11）国家法律、法规、行政规章明令禁止流通、寄递或进出境的物品，如国家秘密文件和资料、国家货币及伪造的货币和有价证券、仿真武器、管制刀具、珍贵文物、濒危野生动物及其制品等。

（12）包装不妥可能危害人身安全、污染或者损毁其他快件、设备的物品等。

（13）各寄达国（地区）禁止寄递进口的物品等。

（14）其他禁止寄递的物品。

2. 限寄品

限寄品是指在特定情况下，有条件的受理和承运的物品。根据世界各国海关的有关规定，限寄品主要包括：酒精制品、动物或植物制品、棉花、种子、茶叶、烟草、古董或艺术品、不可替代品、受保护动物制品（毛皮/象牙等）、工业金刚石、医学样品（血样、人体组织等）、可兑现票据、鲜活品及保温物品，特别是金刚石和石头（珠宝等）、手表、贵重首饰等。我国海关规定的限制进境和出境物品具体如下：

（1）限制进境物品

1）无线电收发信机、通信保密机。

2）烟、酒。

3）濒危的和珍贵的动物、植物（均含样本）及其种子和繁殖材料。

4）国家货币。

5）海关限制进境的其他物品。

（2）限制出境物品

1）金银等贵重金属及其制品。

2）国家货币。

3）外币及其有价证券。

4）无线电收发信机、通信保密机。

5）贵重中药材。

6）一般文物。指 1795 年（乾隆 60 年）后的，可以在文物商店出售的文物。

7）海关限制出境的其他物品。

四、快件的包装

为保证快件安全、准确、迅速的传递，需确保快件的包装符合规格。因自动分拣机只适于分拣底部平坦且具有刚性的包装规则的快件。而包装底部柔软且凹凸不平、包装容易变形、易破损、超长、超薄、超重、超高、不能倾覆的快件不能使用普通的自动分拣机进行分拣，因此，为了使大部分快件都能使用机械设备进行自动分拣，必须推行标准化包装，使大部分快件的包装符合国家标准。

1. 文件资料类快件的包装要求

(1) 一般应装入专用快件封套内寄递，如图 1—5 所示。

图 1—5　信函类快件的包装

(2) 扁平型快件，厚度不超过 10 mm 的，应装入快件专用封套内寄递；厚度超过 10 mm 的应用大小合适的包装箱、包装盒封装。封装时，箱内空隙处做好填充，包装箱、盒外用专用胶带封固，如图 1—6 所示。

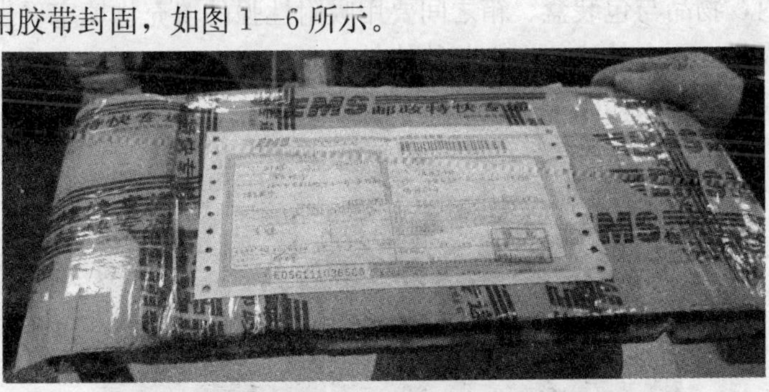

图 1—6　扁平件快件的包装

(3) 圆卷型快件，封皮不得短于内件，圆卷尺寸应符合尺寸限度规定。长度较大的，应内衬坚实的圆棍或采用硬质塑料的圆筒作外包装物。

2. 物品类快件的包装要求

(1) 应根据快件的性质、大小、轻重、寄递路程的远近和运输状况等，选用适当的包装材料妥善包装，以能防止：封皮破裂、内件散落，封皮材料变形，伤害处理人员，污染或损毁其他快件，因寄递途中挤压碰撞、摩擦震荡或气候、湿度影响而发生损坏。

（2）柔软、干燥、耐压的轻型物品（如衣服、布料、袜子等），可用塑料袋、套封装，再装入快件专用封套或快件包装箱内。

（3）硬质物品不得使用快件的专用封套封装。

（4）贵重物品，如笔记本电脑、手表、相机等，要装入坚固耐压的纸质或金属箱内，也可用木箱包装，箱内空隙的地方用柔软物料妥为填塞，箱外再用坚韧的纸或者用塑料包装好，如图 1—7 所示。

图 1—7 贵重物品包装

（5）易碎品，封装时应在内件之间及内件与箱板之间用柔软、轻质的填充物（如瓦楞纸、泡沫塑料等）填充妥当，以防在运输途中损坏。

（6）流质和易碎物品，如果包装不妥，不但自身易遭破损，还可能污损其他快件，甚至危及工作人员的安全。流质物品及干粉类物品应装入完全密封的容器内，再装入包装盒或包装箱内，物品与包装盒、箱之间要用吸附性强的填充物填塞妥当，以备容器破损时能把流质吸尽，不会外流，污染其他快件。

常见包裹类快件包装如图 1—8 至图 1—10 所示。

图 1—8 一般包裹类快件的包装

图 1—9　特殊包装箱

图 1—10　包装箱、盒等的包装

3. 包装注意事项

（1）必须采用标准的封套来封装快件，不准使用旧封套和自制的封套。

（2）不要将物品分散放在箱内，务必填满空隙以保护物品。易碎物品应以个别包装分隔，并要适当填充固定。

（3）需要使用箱、盒封装时，一律采用纸质包装箱、盒；破损或不平坦的纸箱不得使用，瓦楞纸质表面不得出现露楞现象。建议在纸箱内放入寄件人及收件人地址和电话标签。

（4）包装箱、盒应用透明防水专用胶带封固，纸箱上不得留有旧标签，运单应贴在箱面上，不可遮盖运单的条形码（包括用透明胶纸），要保持运单平滑干净。

（5）在快件重量超过 5 kg 时，箱、盒外必须用非金属捆扎带箍紧。捆扎时，应先将快件详情单牢固粘贴在邮件封面上后再行捆扎。

4. 打包机的使用

打包机又称捆扎机，是使用捆扎带缠绕产品或包装件，然后收紧并将两端通过热效应熔融或使用包扣等材料连接的机器。捆扎机的功用是使塑料带能紧贴于被捆扎包件表面，保证包件在运输、贮存中不因捆扎不牢而散落，同时保持捆扎整齐美观。包裹类快件用包装箱封装时，为了保持箱体的稳固，便于搬运、装卸，一般应用打包机进行打包。打包机如图 1—11 所示。

图 1—11　机械打包机

五、快件的称重与测量

1. 测量工具使用

根据重量计费原则，快件在收寄后需要测量重量和体积。在快件处理场地，常用的测量工具主要有电子秤和卷尺。

（1）电子秤的使用及维护保养。电子秤是收寄信函、包裹时称重计量的工具。为确保收寄质量，须做好电子秤的安装、使用与保养等工作。电子秤（见图 1—12）是快件处理场地常用的称重设备。其称重范围虽然远远低于电子地磅，但高于便携式手提秤的称重范围。电子秤准确度高，但因体积较大，不便携带。

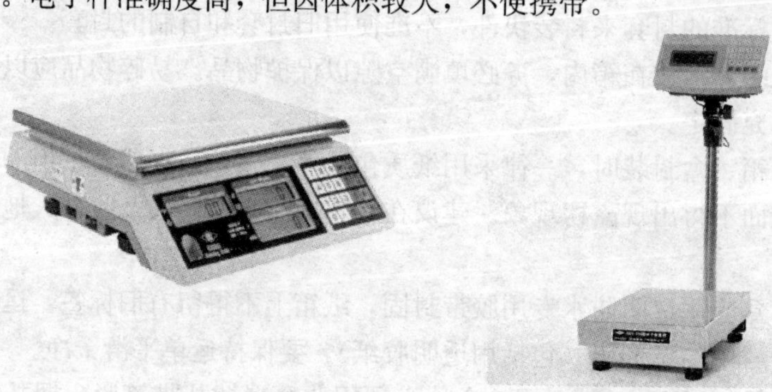

图 1—12　电子秤

1）电子秤的使用。先插上电源后再开机，开机后进行自检。自检结束后，秤已作好称重准备，此时所有显示屏显示零，并有零位指示标志“▽”。将邮件放置在秤盘上，按动有关功能键，则显示相应的资费。如邮寄功能状态与上次相同，则不必重复按键，放上邮件即可显示资费。工作结束或长时间不使秤时，须关闭电源开关，拔掉电源插头。使用电子秤时，要注意到以下几点：

①电子秤称重时，物品不得接触地面（见图 1—13），且其应置于稳定平整的平面上（见图 1—14）。调整四个底角螺钉使秤处于水平位置，然后再开启电源（如果需要则应先放上专用秤盘）。

②开机画面显示结束后进入计重模式，“零位”标志和“千克”指示标志出现，可按“模式”键循环选择计重、计数、百分比三种功能模式。

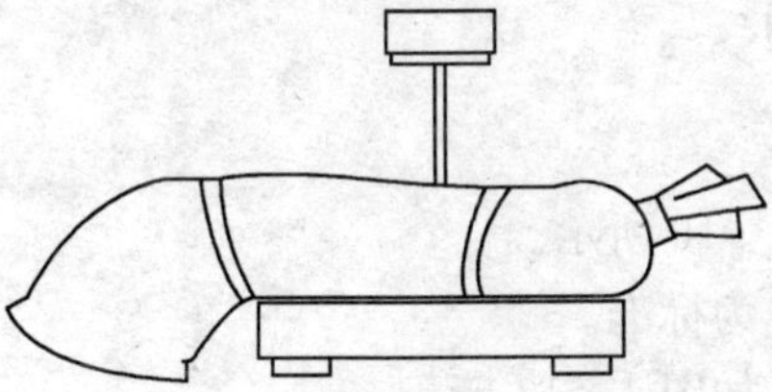

图 1—13　物品称重时不能接触地面（图中错误）

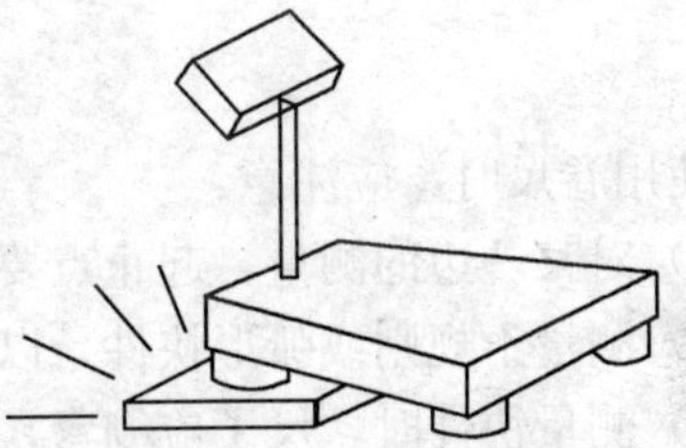

图 1—14　电子秤应放置在水平面上（图中错误）

③单位选择。按［单位］键，用来在千克和磅之间选择计重单位，显示屏上出现相应的指示标志。

④去皮功能。将容器放在秤盘上，重量稳定后，按［去皮］键，重量显示为零，“去皮”标志出现，此时显示的重量为净重；将秤盘上的物品取下，重量显示为负值，再按［去皮］键，称重复零，“去皮”标志消失。电子秤不能长期在去皮状态下使用，否则零位自动跟踪功能消失，零位会产生漂移。

⑤置零功能。在使用过程中，如果出现零点漂移现象（秤盘上无任何物品，但有重量显示），按［置零］键，重量归零。

⑥不得将称重快件扔、摔．砸在称重设备上。

⑦不得将重量大于电子秤额定重量标准的快件称量。

⑧体积大的快件称重时，除与秤盘接触外，不得有任何其他接触点或接触面。

⑨使用直流电的电子秤，应定期补充电量。

⑩电子秤不得与水、油等液体或高温接触，防止意外损坏。

2）电子秤的日常保养。平时要注意电子秤上敏感易损部件的保护。日常工作中轻拿轻放，避免磕碰摔打，也不要在秤盘上粘贴各类标签或不干胶，更不要在电子秤盘上堆放无关的物品或其他杂物。

（2）卷尺的使用及注意事项。卷尺用于测量较长快件的尺寸或距离，如图 1—15 所示。根据材质不同，卷尺可以分为钢卷尺、纤维卷尺、塑料卷尺等。在快件处理场地使用最多的是钢卷尺。钢卷尺可分为自卷式卷尺、制动式卷尺、摇卷式卷尺。其中制动式卷尺最为常见。制动式卷尺主要由尺带、盘式弹簧（发条弹簧）、卷尺外壳三部分组成。

当拉出刻度尺时，盘式弹簧被卷紧，产生向回卷的力；当松开刻度尺的拉力时，刻度尺就会被盘式弹簧的拉力拉回。

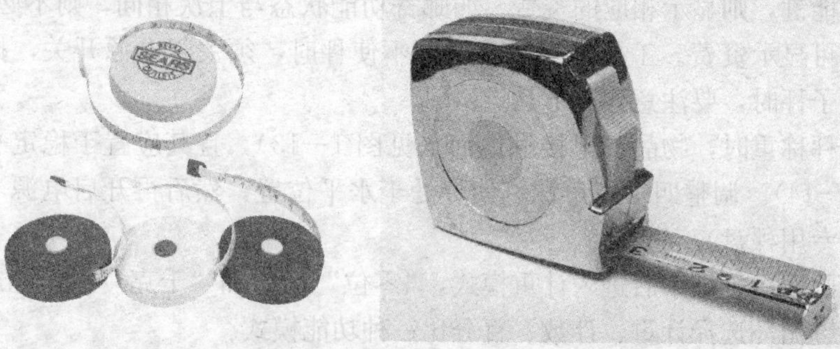

图 1—15　卷尺

使用卷尺时，应注意：

1）对某一边的测量，起止点要准确，如图 1—16 所示。

2）测量不规则或弧形快件，以测量边的直线为标准。

3）测量快件时，尺子应绷紧，不得弯曲等，如图 1—17 所示。

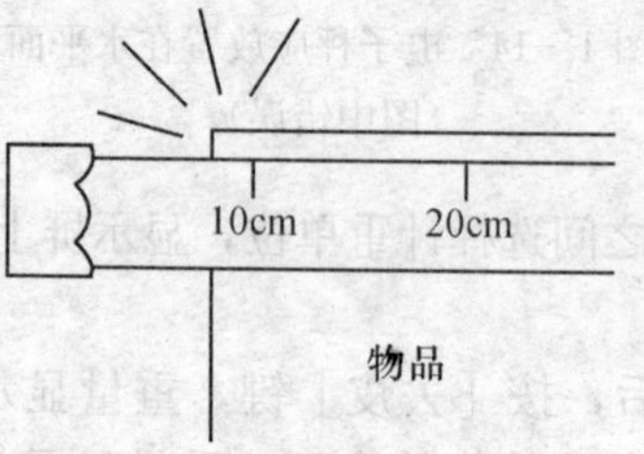

图 1—16　测量起止点应准确
（图中错误）

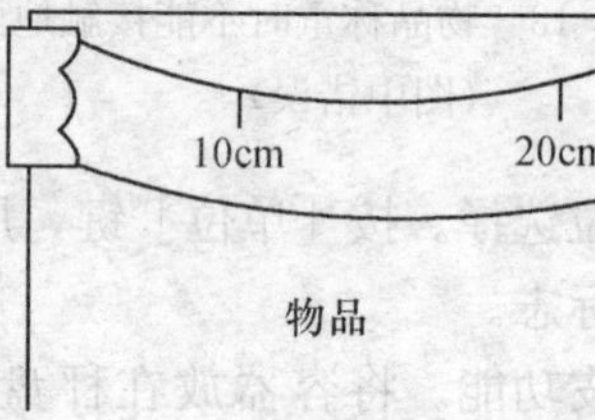

图 1—17　测量时，尺子应绷紧
（图中错误）

2. 快件重量、体积测量方法

（1）常规件。一般只对重量进行计量，将包装（封装）好的快件放在电子秤上计量，计量单位为千克。

（2）轻抛件。比较体积重量和实际重量，体积重量大于实际重量的一般称为轻抛件。对于轻抛件，要取体积重量作为计费重量。轻抛件要依照国际航空运输协会规定的轻抛物计算公式折算体积重量。

1）航空件体积重量。针对需经航空班机承运的快件，所有航空货运公司都会对发出的每一票快件计算其体积重量，然后将这个体积重量与物品的实际重量进行比较，取两者较重的一个作为收费的重量。体积重量是将货物体积，利用折算公式，计算得到。体积重量的计算方法是：

首先不考虑货物的几何形状分别量出货物的最长、最宽、最高的部分，单位为厘米，测量数值的尾数四舍五入。然后将货物的长、宽、高相乘得出货物的体积。最后将体积折合成千克或磅，即根据所使用不同的度量单位分别用体积值除以 6 000 cm^3 得千克数（若为立方英寸则除以 366 或 166 立方英寸得磅数）。体积重量尾数的处理方法与毛重尾数的处理方法相同，即以 0.5 kg 为最小单位。即：

长度（cm）×宽度（cm）×高度（cm）/6 000＝以千克为单位的体积重量

当货物体积折算的重量大于货物实际重量，一般按体积重量来计算；当货物体积折算的重量小于货物实际重量，将按实际重量来计算。

2）非航空件轻抛件的体积重量按同等体积的航空件轻抛件重量减半，即：

非航空件体积重量＝长（cm）×宽（cm）×高（cm）÷12 000

快件的体积重量反映了包裹的密度，与同等实重的快件相比，密度较小的货物需要占据更多空间。体积测量如图 1—18 至图 1—20 所示。

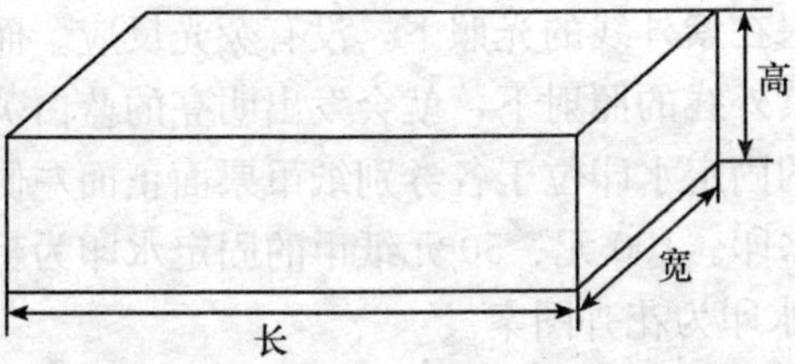

图 1—18　长方体体积测量

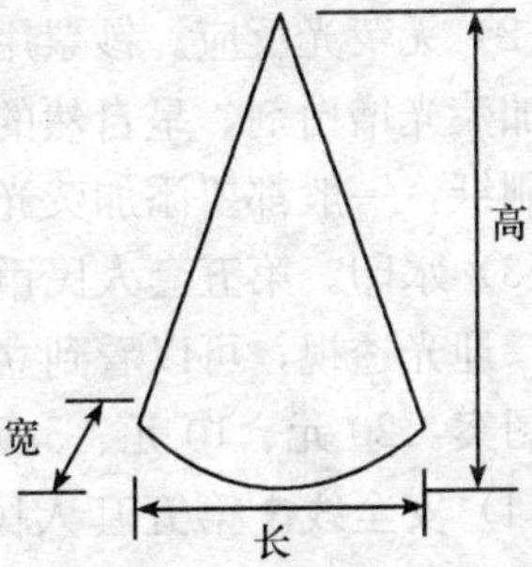

图 1—19　圆锥体体积测量

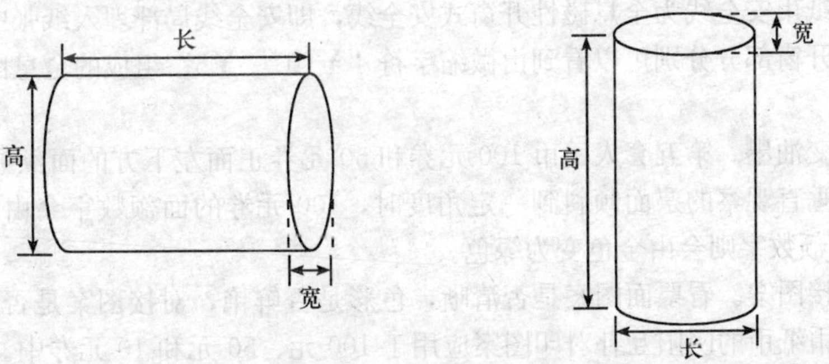

图 1—20　圆柱体体积测量

3）对不规则物品的体积测量。将不规则物品当做一般长方体箱子处理，取物品的最长、最高、最宽边量取。

六、人民币鉴别的方法

快递工作人员在揽件过程中或派送、代收款过程中都可能收到客户交来的人民币，快递业务员应对所收人民币的真假进行辨别，主要鉴别方法如下：

1. 真币对照法

即将可疑币与真币进行对照，仔细观察两币之间在纸张、图案、油墨、水印、安全线等方面的差异。真币的图案颜色协调，人像层次丰富，富有立体感，人物形象表情传神，色彩柔和亮丽；安全线牢固地与纸张粘合在一起，并有特殊的防伪标记；对印图案完整、准确，各种线条粗细均匀，直线、斜线、波纹线明晰、光洁。真币印制精细，假币则必然与真币有不同或粗制滥造之处。

2. 手感触摸与观察法

（1）纸的质地高级。制造这种钞票用纸的原料主要是棉短绒，比一般的造纸原料贵得多。造纸原料配方，有着严格的固定比例。造出来的纸质地光洁细腻、坚韧耐折、挺括平整。如果用手拿着钞票在空中抖动，或者两手拿着钞票的两端一松一紧地拉动，或者用手指轻弹纸的表面，都会发出清脆响亮的声音来。而普通印刷纸的原料大都是稻草、麦秆、破布等，纸的质地绵软粗糙，韧性和张力不足，极易拉断。如果在空中抖动，声音发闷。

（2）无荧光反应。钞票用纸所选用的原材料都是纯净清洁、不含杂质，白度很高，不添加荧光增白剂，呈自然的洁白色。如果在紫外线的光照下，没有荧光反应。而普通的印刷纸，一般都要添加荧光增白剂，在紫外线的照射下，就会发出明亮的蓝白荧光。

（3）水印。第五套人民币各券别纸币的固定水印位于各券别纸币票面正面左侧的空白处，迎光透视，可以看到立体感很强的水印。100 元、50 元纸币的固定水印为毛泽东头像图案。20 元、10 元、5 元纸币的固定水印为花卉图案。

（4）安全线。第五套人民币纸币在各券别票面正面中间偏左，均有一条安全线。100 元、50 元纸币的安全线，迎光透视，分别可以看到缩微文字“RMB100”“RMB50”的微小文字，仪器检测均有磁性；20 元纸币，迎光透视，是一条明暗相间的安全线，10 元、5 元纸币安全线为全息磁性开窗式安全线，即安全线局部埋入纸张中，局部裸露在纸面上，开窗部分分别可以看到由微缩字符“￥10”“￥5”组成的全息图案，仪器检测有磁性。

（5）光变油墨。第五套人民币 100 元券和 50 元券正面左下方的面额数字采用光变墨印刷。将垂直观察的票面倾斜到一定角度时，100 元券的面额数字会由绿变为蓝色；50 元券的面额数字则会由金色变为绿色。

（6）对接图案。看票面图案是否清晰，色彩是否鲜艳，对接图案是否可以对接上。第五套人民币纸币的阴阳互补对印图案应用于 100 元、50 元和 10 元券中。这三种券别的正面左下方和背面右下方都印有一个圆形局部图案。迎光透视，两幅图案准确对接，组合成一个完整的古钱币图案。

（7）摸人像、盲文点、中国人民银行行名等处是否有凹凸感。第五套人民币纸币各券别正面主景均为毛泽东头像，采用手工雕刻凹版的印刷工艺，形象逼真、传神，凹凸感强，易于识别。

3. 工具检测法

就是借助一些简单工具或专用鉴别仪器进行钞票真伪识别的方法。例如，借助放大镜来观察票面线条的清晰度，胶、凹印缩微文字等；也可将真币置于紫外光灯下，观察有色和无色荧光油墨印刷图案，纸张中有不规则分布的黄、蓝两色荧光纤维，票面颜色无刺眼现象，假币则出现刺眼的蓝白光，但用这种方法检测时，有时个别真币由于接触过肥皂粉或其他化学物品，也会有荧光反应；用磁性检测仪检测黑色横号码的磁性，真币在检测时检测仪会叫或灯亮，假币则无这种反应。

七、发票和支票

1. 发票

发票，是指在购销商品，提供或者接受服务以及从事其他经营活动中，开具、收取的收付款凭证。

（1）发票的基本内容。发票的名称、字轨号码、联次及用途、客户名称、开户银行及账号、产品名称或经营项目、计量单位、数量、单价、大小写金额、开票人、开票日、开票单位（个人）名称（章）等。

（2）发票的联次。普通发票为三联：第一联为存根联、开票方留存备查；第二联为发票联，收执作为付款或收款的原始凭证；第三联为记账联，开票方作为记账原始凭证。专用发票的基本联次统一规定为四联，除上述三联外还增加了一联，即第三联为抵扣联，收执方作为抵扣税款的凭证。第四联为记账联。

（3）发票的领购

1）依法办理税务登记的单位和个人，在领取税务登记证件后向主管税务机关申请领购发票。

2）申请领购发票的单位和个人应当提出购票申请，提供经办人身份证明、税务登记证件或者其他有关证明，以及财务专用章或者发票专用章的印模，经主管税务机关审核后，发给发票领购簿。

3）需要临时使用的单位和个人，可以直接按有关规定向主管税务机关申请开具。

4）临时到本省、自治区、直辖市以外从事经营活动的单位和个人，应当凭所在地税务机关证明，向经营地税务机关申请领购普通发票。税务机关对外省、自治区、直辖市来辖区从事临时经营活动的单位和个人申请领购发票的，可以要求其提供保证人或者根据所购发票的票面限额及数量缴纳不超过1万元的保证金并限期缴销发票。

（4）发票的填开

1）销售产品、提供服务及从事其他经营活动的单位和个人，对外发生经营业务收取款项，收款方应当向付款方开具发票。

2）单位和个人在开具发票时，必须做到按号码顺序填开，填写项目齐全、内容真实、字迹清楚、全部联次一次复写、打印，内容完全一致，并在发票联和抵扣联加盖单位财务印章或者发票专用章。

3）开具手工版增值税专用发票的销货单位，应在专用发票“销货单位”栏内，加盖统一刻制的销货单位栏戳记（包括销货单位名称、地址电话，税务登记号，开户银行及账号等），该章使用蓝色印泥。

（5）发票的保管

1）使用发票的单位和个人应确定专人保管发票，用票多的单位应建立领用存台账；使用增值税专用发票的单位应有保险柜存放，妥善保管，不得丢失。

2）开具发票的单位和个人对已经开具的发票存根联和发票登记本，应当保存五年。保存期满，报经税务机关查验后销毁。

（6）形式发票。在快件中经常用到的发票是形式发票。形式发票，也叫发票声明书，是卖方对潜在买方报价的一种形式。买方常常需要形式发票，以作为申请进口和批准外汇之用。在快递业务中，当发件人的货物（如样品），不作为商品出售时，必须提供形式发票。

1）形式发票应包含的内容。形式发票要用发件公司的专用形式发票或快件公司提供的形式发票。形式发票应全面记录货物的出口详情，包括其价值。形式发票应注明货物的估价，商业发票要注明其实际价值。具体包括的信息如下：

①发件人姓名、公司名称、地址、邮编、电话/传真。

②收件人姓名、公司名称、部门、职位、邮编、电话/传真。

③货物总件数，包括重量和体积。

④货物的逐项描述，包括单价和总价（无论价值大小，所有包裹都应有申报价值）。

⑤制造商和生产国。

⑥出口理由。

⑦商品编码。

⑧发件人的签字原件。

2）形式发票的填写。指导发件人完成形式发票的填写是快递业务员的工作职责。在无发件人授权的情况下，不能代其填写形式发票。如果需要修改，应由发件人完成。

2. 支票

支票是由出票人签发的，约定自己或者委托付款人在见票时或指定的日期向收款人或持票人无条件支付一定金额的有价证券，票样如图 1—21 所示。

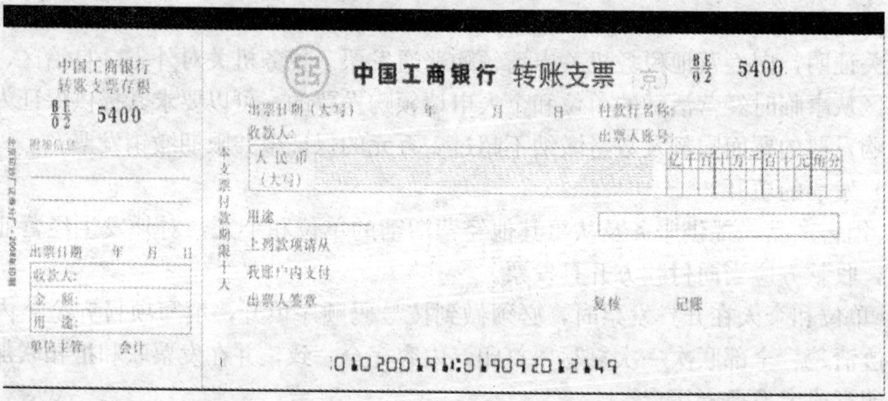
中国工商银行
转账支票存根
5400
出票日期　年　月　日
收款人：
金　额：
用　途：
单位主管　会计
中国工商银行　转账支票　（京）　5400
出票日期（大写）　年　月　日　付款行名称：
收款人：　出票人账号：
本支票付款期限十天
人民币（大写）
亿　千　百　十　万　千　百　十　元　角　分
用途
上列款项请从
我账户内支付
出票人签章　复核　记账

图 1—21　支票图样

（1）支票的用途。支票分为现金支票、转账支票和普通支票。支票上印有“现金”字样的为现金支票，现金支票只能用于支取现金。支票上印有“转账”字样的为转账支票，转账支票只能用于转账。普通支票是没有印“现金”字样也没印“转账”字样的支票，它可以用于支取现金也可用于转账。在普通支票的左上角划两条平行线，为划线支票，划了线的支票只能用于转账。

（2）支票的注意事项

1）支票日期的填写。如日期 2010 年 1 月 1 日的日期是绝对不能写阿拉伯数字的。正确写法：贰零壹零年零壹月零壹日；又如日期 2010 年 11 月 12 日的正确写法：贰零壹零年壹拾壹月壹拾贰日。

2）收款人。支票的收票人一定要写公司全称，少一个字也不行，并且要置顶，“收款人：”后不能留有空隙，如有空隙为不可用支票，银行拒收。

3）金额的填写。对于大写，如2 009.09元应写为贰仟零玖元零玖分。分后面不写“整”或“正”，小数点后到角的就要写“整”或“正”。对于小写，正确写法为￥2 009.09。

4）提现金支票。一般公司提取现金，在用途处必须写备用金，如付款给别人是货款就写货款，对这个规定还没那么死，就是在提取现金的时候规定一定要写备用金。

5）盖章。支票上盖的章要和银行留的印鉴是一致的（一般都是法人的私章和财务章），并且章要非常清晰，不然银行机器过不了，就要退回了。

6）支票回执。回执的内容要和支票这边写的一致（回执由付款人留存）。

7）背书

①收到对方的支票时，在支票的背面背书处写明：委托某某银行收款，并在第一个框内盖财务章和私章，尽量不要盖出第一个框，盖的章也要清晰。

②付支票给对方时，在支票的正面写明日期、收款人、金额、用途、盖章，反面就不用管。

第三节　后续处理

培训目标

- 能够制作打印快件清单
- 能够进行交接准备
- 能按规定结清当日营业款

收寄环节中快件的后续处理，主要是指快递业务员对收寄的快件进行结算的过程，主要包括收寄后的结算．票款的管理等相关内容，主要包括以下三项工作：

第一，从取件部门收取快件。

第二，数据录入，即把运单上的快件信息输入网络中，以便日后查询，并打印快件清单。

第三，整理所收营业款，并进行清算、交接。

一、快件清单的制作打印

1. 快件清单的内容

快件清单主要包含快件起运地点、快件目的地、物品清单（包含物品的品名规格、包装形式、数量、尺寸、重量以及保险价格等）运单号码、填制日期等信息。

要将当日的快件运单进行汇总后并将其制作成快件清单。表1—5为某快递公司一日货运快递清单。

表 1—5　　某快递公司一日货运快递清单

序号	运单号	日期	目的港	种类	付款	件数	收重量	总应收
1	M1925872774	2009.04.01	US	样品	到付	1	6	−90
2	M1925874923	2009.04.01	FR	样品	到付	1	5.7	−85.5
3	M1928172346	2009.04.01	NL	样品	到付	1	0.5	−50
4	M1934778305	2009.04.01	US	样品	到付	1	0.5	−50
5	M1937639085	2009.04.01	FR	样品	到付	1	1.5	−50
6	V0018392653	2009.04.01	US	样品	到付	1	0.5	−50
7	V0040393128	2009.04.01	ES	样品	到付	1	0.5	−50
8	V0040420277	2009.04.01	US	样品	到付	1	9.9	−148.5
9	M1623427942	2009.04.01	AU	样品	到付	1	0.9	−50
10	M1925866076	2009.04.01	DE	样品	到付	2	11	−165
11	M1926388162	2009.04.01	GB	样品	到付	1	0.5	−50
12	M1934778412	2009.04.01	US	样品	到付	1	0.5	−50
13	M1934821712	2009.04.01	US	文件	到付	1	0.5	−50
14	V0018392055	2009.04.01	US	样品	到付	1	29.5	−442.5
15	V0023456655	2009.04.01	SE	样品	到付	1	20	−300
16	V0040393093	2009.04.01	ES	样品	到付	1	12.3	−184.5
17	V0040393806	2009.04.01	FR	样品	到付	1	0.5	−50
18	V0040393815	2009.04.01	BE	样品	到付	1	0.9	−50
19	V0040393824	2009.04.01	FR	文件	到付	1	0.5	−50
20	V0040420679	2009.04.01	US	样品	到付	1	2.6	−50
21	M1925872621	2009.04.01	US	样品	到付	1	0.5	−50

单元 1

2. 快件清单的制作

快件清单的制作可通过手工填写与自动填写两种方式分别完成。

(1) 手工制作清单。选择合适的清单，按编列序号准确填写清单号码；按先后顺序，逐件抄登。清单内容必须填写完全。填写时要使用规范的汉字、数字及代码。登单结束时需要签名或盖章。

(2) 自动填写制作清单。主要是指通过自动扫描设备将快件信息录入计算机系统中，可自动生成并打印快件清单。一般由工作人员通过手持式扫描枪扫描快件运单上的条形码，快件的相关信息会自动录入到相连的计算机系统中，逐条生成清单信息，最终通过打印机等输出纸质清单。

二、快件交接清单

一般情况下交接清单的格式与快件清单的格式类似，其主要内容包括中转渠道、运单号码、快件类型、重量、件数、目的地国家、付款方式等内容。交接清单上标明快递服务组织代码，并盖上业务章。

1. 快件交接清单内容

快件交接清单应包括中转渠道、运单号码、快件类型（“文件”还是“包裹”）、件数、重量、目的地国家、品名、付款方式（“预付”还是“到付”）等内容。

中转渠道指代理选择的产品和服务类型，例如，4PX 专线件、DHL 件、DHL 美国大货（XL）、UPS 件、TNT 件、4PX 香港派送件等；运费到付的香港件必须在备注栏内注明到付金额，运费到付的国际快件也必须在备注栏内注明“运费到付 C. O. D.”和具体到付金额。填写快件交接清单时，不同中转渠道、不同类型的快件应分开填写。除快件业务必须的信息资料外，快件代理应在清单上标明其在 4PX 的六位计算机代号，盖上代理公司的业务章，以便识别。

2. 交接清单随附单证

（1）专线件。交接清单一份并随清单附上每票快件的运单一份；随货至少应有运单三份，包裹类快件应随货附发票三份。

（2）国际件。交接清单一份并随清单附上每票快件的运单一份；随货至少应有运单两份，包裹类快件应随货附发票三份。

（3）香港件。交接清单一份并随清单附上每票快件的运单一份；预付件随货至少应有运单两份，到付件随货至少应有运单四份。

采用一般贸易方式报关的 D 类快件，必须在交接清单、随货运单和货物外包装上作出明确标识，报关单证用信封独立包装并妥善交付 4PX 收货人员。

上述所说的发票应有所装物品的中英文品名，单价、数量和总价值。品名要详细具体，不可过于笼统或含糊不清。

三、营业款结算

营业款结算是指营业取得收入后，有些款项尚未收回，要将这些应收回的款项与对方进行确认，并收回账款。

为了保证快件收寄后的数目准确，便于下一环节的处理，各营业点都应在每日营业终了时，对快件数目、邮费进行核对，结出当日收寄快件的总件数，然后，根据当日收寄快件总数结出应交款项。

（1）必须做到一日一结。为确保收寄快件总件数与当日送交或封往分拣封发部门的总件数相符，每日营业终了后，应按照平衡合拢的要求对当日营业款进行结算。如有不符，应查明原因并及时处理。

（2）根据结出的应交款项，依式填写专用缴款单，连同缴款项交财务签收。

（3）票据和结算凭证上的签章和其他记载事项应当真实，不得伪造、变造。票据和结算凭证上的签章为签名、盖章或者签名加盖章；单位、银行在票据上的签章和单位在结算凭证上的签章，为该单位、银行的公章加其法定代表人或者其授权的代理人的签名或者盖章。个人在票据和结算凭证上的签章，为个人本名的签名或盖章。

（4）应当规范填写票据和结算凭证，要做到要素齐全、数字正确、字迹清晰、不错不漏、不潦草，防止涂改。

票据和结算凭证的金额、出票或者签发日期、收款人名称不得更改，更改的票据无效；更改的结算凭证，银行不予受理。对票据和结算凭证上的其他记载事项，原记载人可以更改，更改时应当由原记载人在更改处签章证明。

票据和结算凭证金额以中文大写和阿拉伯数码同时记载，二者必须一致，否则银行不予受理。

第2单元

快件派送

快件派送是快递服务中最重要的一个环节，快件派送不仅仅是把快件送到客户手中这么简单，快件派送必须有一个系统的流程，要求相关单位和人员密切的配合，快递业务员尽心尽责。这一单元将介绍快件派前准备、快件派送服务和快件派送后续处理相关知识和技能。

第一节 快件派前准备

培训目标

→ 能核对交接快件的数量、重量、规格
→ 能检查交接快件的包装是否完好
→ 能判断快件收件人地址是否准确并进行处理
→ 能按照派送段进行快件的排序

一、快件的派前准备

在快件发送前，应核对交接快件的数量、重量、规格。在快件交接时不仅要做到准确，并且要核实快件的数量、重量，检查包装是否完好及快件派单信息是否完整等。

1. 接收

快递员领取按址投递的快件时，应与总台人员办理交接，注意检查以下事项：

（1）应清点快件数量是否与投递总台合拢表登记的本派送区域快件数相符。

（2）应验视快件的封装是否完好，有无破损、拆动痕迹。

（3）对代封快件要复称其重量。若遇有破损或重量不符的异常状况，应交主管人员处理。

（4）若有快件详情单第一联脱落的，应补做一份单据。

（5）若遇有错分投送区域的快件，应交回指定人员，让其转交，并在相关派送单上批注签章，不得擅自处理。

单元 2

2. 确认

（1）粗分。将本投送区域的快件按照划分的投递路线进行粗分。

（2）细排。粗分后，将快件按照投递路线的先后顺序进行细排。

（3）复核。细排后的快件，要进行复核，核查有无错排和现场遗留的快件，防止错投、漏件。

（4）填写投递清单，盖章戳。在投递清单上登列经细排复核无误的快件，以便投递签收。对信封封装的文件资料类快件，在封套右上角“投递日戳”处加盖投递日戳。对物品类快件可在相应处用日戳盖章。

3. 判断快件收件人地址

判断收件人信息是否准确主要有以下步骤：

首先，检查收件人地址是否在自己所在的派送区域内。

然后，查看收件人的地址是否正确、详细。若地址不详则与收件人联系，确认地址，正常派送；若联系不到收件人则与发件人联系，确认地址，正确派送。若无法确认地址则视为无法派送的快件，退回。

最后，若地址准确则检查收件人的姓名是否具体。若不具体则与收件人联系，确认后派送。

二、派送路线设计

随着市场经济的发展，快件派送的时间越来越重要，而快递时间的缩短不仅与运输的设备工具有关，而且与快递路线设计息息相关。因此，正确设计派送路线已显得尤为重要。

1. 派送路线的设计原则

快件派送路线的设计，关系到快件的投递速度，因此，确定派送线路是一项非常重要的工作。要以最少的运力，走最短的里程，花最少的费用，经最少的环节，以最快的速度把快件送至客户手中。快件的派送速度，受交通运输状况、气候状况、收件人状况等多方面因素的影响，因此在设计派送路线时，一定要考虑各方面因素，合理规划派送路线，做到“及时、准确、经济、安全”地将快件送到客户手中，即：

（1）及时原则。指在有效期内把快件从发件地运到收件地，尽量缩短快件在途时间。快件中有一种优先派送快件，时限要求很高，在这样的情况下，更应该保证快件及时到达。一般情况下，须先进行此类快件的派送。

（2）准确原则。指在快件运输过程中，切实防止各种差错，做到不错不乱、准确无误地完成运输任务。快递业务员应该熟悉派送路线，掌握每个路段、街道所包含的门牌号，如小区、商场、学校、超市等场所，了解其布局，确保以最短距离到达收件客户处。

（3）经济原则。指采取最经济、最合理的运输方案，有效地利用各种运输工具和运输设备，节约人力、物力和动力，提高经济效益，降低快件运输成本。如行车时尽量避开车流量或人流量较大的路段，减少运输时间。尽量避免在十字路口行驶，减少等待时间。

（4）安全原则。指在快件运输过程中保证快件不发生霉烂、残损、丢失、燃烧等事故，保证快件安全地运达目的地。安全并非只有保证快件的安全，还必须保证快递业务员本身的安全。快递业务员要了解一定的安全知识，要牢固树立安全意识，并有高度的安全责任感。快递业务员应遵守道路运输及领域相关规定行车，注意行车安全。

这四方面是辩证统一的，必须进行综合考虑，忽视或片面强调任何一方面都是不行的。

2. 派送路线设计流程

（1）划分基本派送区域。划分基本派送区域就是将客户所在的具体位置做一系统统计，并将其作区域上的整体划分，将每一客户囊括在不同的基本派送区域之中，以作为下一步决策的基本参考。

（2）暂定派送先后次序。信用是创造后续客源的要素，因而在客户要求的时间准时送达非常必要，在考虑其他因素做出确定的派送顺序前，应先按各客户的送达时间将派送的先后次序作概略地掌握。

（3）安排车辆。车辆安排要解决的问题是安排什么型式、种类的派送车，是使用自用车或是外雇车，要从客户面、车辆面及成本面来共同考虑。在车辆方面，要知道到底有哪些车辆可供调派，以及这些车辆的积载量与重量限制；在成本方面，就必须根据自用车的成本结构或外雇车的计价方式来考虑选择何者较划算。在安排车辆时要充分考虑上述三方面的问题，以便做出最佳决策。

（4）决定每辆车负责的客户。既然已作好派送车辆的安排，对于每辆车所负责的客户数自然也有了决定。

（5）路径选择。根据各客户的位置关联性及交通状况来作路径的选择。除此之外，对于有些客户或所在环境有其送达时间的限制也要参与考虑。

（6）确定最终派送顺序。作好车辆的调配安排及配送路线的选择后，根据各车辆的配送路径先后即可将客户的派送顺序确定。

第二节 快件派送服务

培训目标

- 能根据快件种类捆扎、装运快件
- 能收取国内到付、代收等款项
- 能指导客户正确签收快件

一、快件捆扎

对快件进行捆扎可以有效地防止快件在派送过程中出现散落、遗失等情况。应根据快件的数量、重量等，结合装运快件工具合理确定捆扎方法。一般可通过手工捆扎和打包机捆扎。

1. 快件捆扎材料

（1）捆扎带。捆扎带按材料分有钢捆扎带、尼龙捆扎带、聚丙烯捆扎带、聚酯捆扎带等。

1）钢捆扎带（见图 2—1）。一般用于使非常重的载荷成一整体运输件或将载荷固定在火车车厢、拖车或远洋货轮内，很少用于经捆扎后下陷或移位的收缩型载荷，但能牢固的捆扎已经压缩了的载荷，并经常用于刚性载荷的捆扎。金属捆扎带最适用于包装非常沉重的货物，因为它没有弹性，建议只用于木质板条箱。

图 2—1　钢捆扎带

2）尼龙捆扎带（见图2—2）。具有高的持续的张力，一般用于重型物品和能经受住高的初始张力的收缩型载荷的捆扎，其伸长率和回复率比聚酯或聚丙烯捆扎带的大，是最贵的塑料捆扎带。

图2—2　尼龙捆扎带

3）聚丙烯捆扎带（见图2—3）。是最便宜的捆扎材料，它一般用于较轻型载荷的捆扎、打捆和封口纸箱。聚丙烯捆扎带具有高的伸长率和回复率，但持续张力方面不如其他塑料捆扎带。

图2—3　聚丙烯捆扎带

4）聚酯捆扎带（见图2—4）。在塑料捆扎带中具有最高的强度和最高的持续张力。对于要求在装卸、运输和储存过程中一直保持捆扎张力的刚性载荷，聚酯捆扎带是一种极好的捆扎材料，通常被用于要求高抗张强度、高持续张力和伸长的场合。在很多场合里，它的性能类似轻型规格的钢捆扎带。

图2—4　聚酯捆扎带

（2）边角保护材料。边角保护材料由塑胶、再生纸板等材料制成。使用捆打包带包装时，边角保护材料可以将打包带产生的压力和张力均匀分布在包装盒侧面，以防止纸板受损，从而保护托运的货物不会受到损坏，如图2—5所示。

图 2—5　边角保护材料

2. 快件捆扎方法

不同规格的快件，捆扎方法不同。

（1）体积小的快件。可以放在背包、挎包内或集装袋里。这些快件应先用文件封或牛皮纸进行包装。若用集装袋进行派送，按照一定的原则将派送快件装入到集装袋里，将袋口扎好。下面介绍几种绳子打结的方法。

1）平结。平结又称为本结、驹结、坚结等，在日常生活中用的频率相当高，如图 2—6 所示。平结适用于连接同样粗细、同样质材的绳索；但是不适用在较粗、表面光滑的绳索上。打平结时，缠绕方法一旦发生错误，可能会变成外行平结。外行平结是个不完全的活结，用力一拉结目就会散开，缺少实用价值。平结完成后拉得太紧的，结目不容易被解开；为了改善这个缺点，拉结、蝴蝶结、外科结等变化结便应运而生，应用范围广泛。

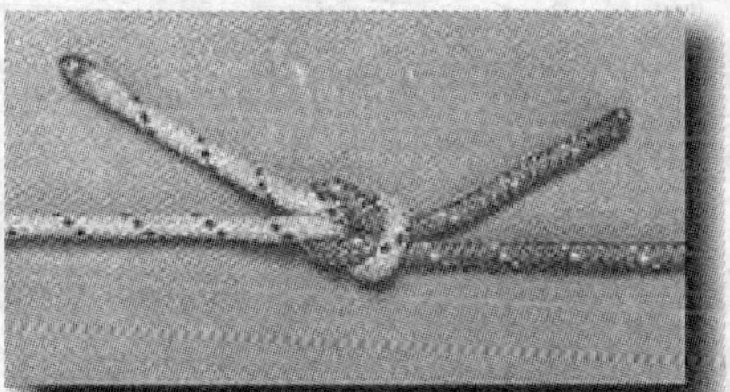

图 2—6　平结

平结的打结方法如图 2—7 所示。

2）反手结（见图 2—8）。在所有的结当中，反手结最简单。首先将绳索曲成一环状，将活端从后面穿过此环拉紧即成。反手结除了用来在绳端处打一结点（使绳头不易散开）外，很少有其他用场，但它是许多其他结的组成部分。此结制作极为快速，首先将绳索弯成一环，将此环套在一固定物体上，紧拉，再用活端与环打一反手结。

3）“8”字形结。此结同反手结一样可在绳端系一个结点，适合作为固定收束或拉绳索的把手，比反手结更为有效。“8”字结的特征在于即使两端拉得很紧，依然可以轻松解开。打法如图 2—9 所示。

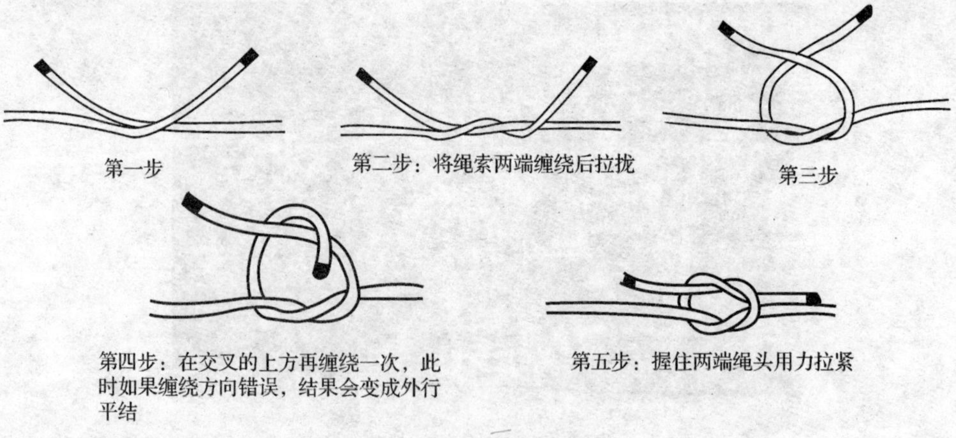

图 2—7　打平结方法

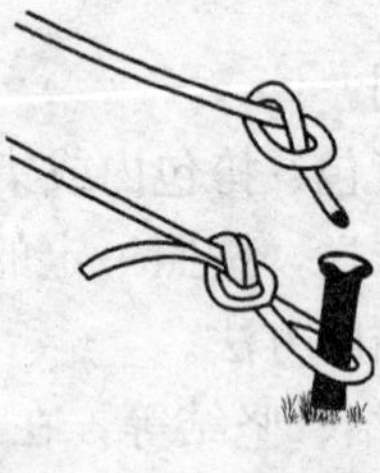

图 2—8　反手结

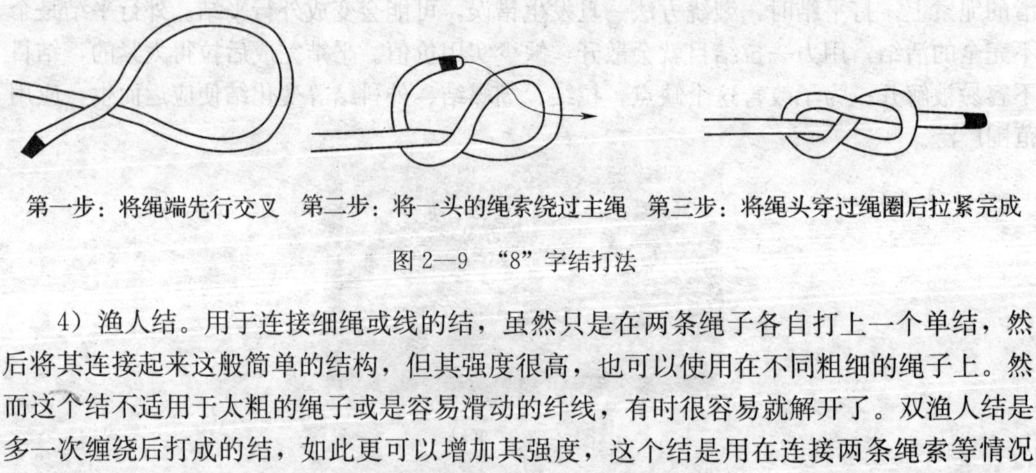

图 2—9　“8”字结打法

4）渔人结。用于连接细绳或线的结，虽然只是在两条绳子各自打上一个单结，然后将其连接起来这般简单的结构，但其强度很高，也可以使用在不同粗细的绳子上。然而这个结不适用于太粗的绳子或是容易滑动的纤线，有时很容易就解开了。双渔人结是多一次缠绕后打成的结，如此更可以增加其强度，这个结是用在连接两条绳索等情况上，结形大是其缺点，如图 2—10 所示。

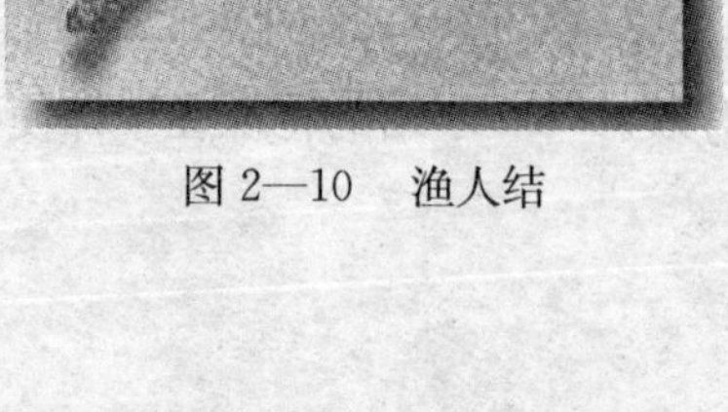

图 2—10　渔人结

操作方法如下（见图 2—11）：

①将两条绳子的前端交互并列，基中一条绳子像卷住另一条绳子般打一个反手结。

②另一边也同样打上一个结。

③轻微拉紧两个反手结，然后彼此相向滑动，让两结紧挨，再系紧两结。

图 2—11　渔人结操作方法

（2）体积大的快件，可直接捆扎到交通工具上。

1）捆扎到自行车或电动自行车的后座上，如图 2—12 所示。

图 2—12　电动车装运

2）装入到货车的货舱内，如图 2—13 所示。

图 2—13　货车货舱

3. 捆扎注意事项

（1）捆扎时注意防止破坏快件，如用绳子捆扎时避免捆得太紧或太松。

（2）捆扎应尽量减少水平空间，如横扎某些快件，可能阻碍行人等的运行，也会影响派送的时效性。

（3）其他突发因素。比如下雨天，应用雨布、雨衣等盖住快件。

二、快件的安全搬运和装卸

装卸搬运是在快件传送的过程中经常出现的环节，安全的装卸搬运作业建立在合理化搬运装卸的基础之上。

1. 装卸搬运合理化

（1）防止和消除无效作业。无效作业是指在装卸作业活动中超出必要的装卸、搬运量的作业。显然，防止和消除无效作业对提高装卸作业的经济效益有重要作用。为了有效地防止和消除无效作业，可从以下几个方面入手：

1）尽量减少装卸次数。要使装卸次数降低到最小，就要避免没有物流效果的装卸作业。

2）包装要适宜。包装是物流中不可缺少的辅助性作业手段。包装的轻型化、简单化、实用化会在不同程度上减少作用于包装上的无效劳动。

3）缩短搬运作业的距离。在装卸搬运当中，快件要实现水平和垂直两个方向的位移，选择最短的路线完成这一活动，就可避免超越这一最短路线以上的无效劳动。

（2）提高装卸搬运的灵活性。所谓装卸搬运的灵活性是指物料进行装卸作业的难易程度。因此，在堆放货物时，事先要考虑到物料装卸作业的方便性。

（3）实现装卸作业的省力化。装卸搬运使物料发生垂直和水平位移，这是需要通过做功才能实现，要尽力实现装卸作业的省力化。

（4）合理组织装卸搬运设备，提高装卸搬运作业的机械化水平。

（5）合理地规划装卸搬运方式和作业过程。指合理的安排整个装卸作业过程，以减少运距和装卸次数。装卸搬运作业现场的平面布置直接关系到装卸、搬运距离，装卸搬运机械要与货场长度、货位面积等互相协调。要有足够的场地集结货场，并满足装卸搬运机械工作面的要求，场内的道路布置要为装卸搬运创造良好的条件，这样有利于加速货位的周转。减少装卸搬运距离的最理想的方法是使装卸搬运距离达到最小平面布置。

2. 快件的安全搬运

快件的安全搬运包括装卸搬运中的人身安全和快件安全。

（1）人身安全。在装卸搬运过程中，快递业务员必须严格按照装卸搬运的操作规范、注意事项进行操作，切实做好防护工作。

1）搬运前准备好搬运工具及自身的防护设备，如手推车、防护手套等。用手推车前必须保证手推车的安全，提前检查车胎等是否有气或松动。

2）用手推车进行搬运时必须保证安全，禁止快速跑步推车前进。

3）在徒手搬运快件时，必须掌握正确的搬运姿势，以免闪腰等现象的发生。

4）切忌搬运快件时快件影响搬运视线，如快件过高挡住视线。

在快件搬运过程中会发生很多意外情况，快递业务员应随机应变，及时正确处理。

（2）快件安全。主要包括：

1）快件装卸需轻拿轻放，尤其是一些易碎快件。

2）快件存放的环境应当干净，防止弄脏快件。

3）移动快件时禁止对快件进行脚踢、扔、拖、拉等动作。

4）在快件摆放时应当遵循重物在下，轻物放在上的原则。

5）在快件的搬运中，快递员应当随机应变，时刻保护好快件。

三、收费

1. 计费方法

计费重量应取快件的实际重量和体积重量两者中的较大值。实际重量指需要运输的一批物品包括包装在内的实际总重量。体积重量指当需寄递物品体积较大而实重较轻时，因运输工具（飞机、火车、船、汽车等）承载能力及能装载物品体积所限，需采取量取物品体积折算成重量的办法作为计算运费的重量，称为体积重量或材积。体积重量大于实际重量的物品又常称为轻抛物。

当需寄递物品实际重量小而材积较大时，需按下列公式计算运费总额。求取材积公式如下：

规则物品：长（cm）×宽（cm）×高（cm）÷6000＝重量（kg）

不规则物品：最长（cm）×最宽（cm）×最高（cm）÷6 000＝重量（kg）

此外，个别国际快件产品的材积计量标准按照3边厘米数乘积除以5 000或4 000。

【例2—1】一件规则的快件实际重量12 kg；规格长、宽、高分别为40 cm，50 cm，60 cm，根据公式计算，体积重量为30×40×60÷6000＝20 kg，由于体积重量20 kg大于实际重量12 kg，所以快件总重量应按20 kg填写并计费。

2. 收费方式

（1）现付。即在投递前发件方将款项交纳。

（2）到付。即当提取快件或收取快件时交纳款项。当收件人验视快件外包装无误后，在派件现场把到付款交给快递业务员的一种支付方式。此种付费方式一般情况下付账数额不会很大。

（3）回单付。回单付是当收件方收到快件后将回单发送给发件方，发件方付款。

（4）代收款。指寄件人通过快递服务组织寄件时，由快递服务组织代寄件人收取款项。此种收款方式的好处：方便，便宜（一般是千分之一手续费，比银行低）。缺点：不保险，可能收款人卷走资金而逃跑。当代收款金额较多时管理人员应调配其他人员协助，确保安全。

随着信息技术的发展，现在不只有支付现金这一种付款方式，还有网上支付的方式。

四、快件签收

快递业务员将快件交给收件人时，有义务告知收件人当面验收快件。若收件人本人无法签收时，可与收件人（寄件人）沟通允许后，采用代收方式，快递业务员也应告知代收人的代收责任。验收无异议后，验收人应确认签收。拒绝签收的，验收人应在快递运单等有效单据上注明拒收的原因和时间，并签名。

客户签收快件可采用以下方式：

1. 手写式

客户应用正楷字体签收快件，写上自己的姓名及日期。快递业务员不得代替客户签字。

2. 盖章

若客户选择盖章，则应注意每一联运单都必须在收件人的签署栏盖章，且是同一个章。同时，应填写签收日期。

3. 电子签收

电子签收指快件派送完之后，请客户在移动扫描设备屏上进行签名确认，签收完成后移动扫描设备即时将签名图片传输到系统服务器。目前有少部分快递公司使用这种方式签收。

第三节　快件派送后续处理

培训目标

→ 能够将投递信息进行录入处理

→ 能够完成投递后异常件的处理

一、快件信息的录入

快件信息的录入是指对快件所涉及的相关内容在计算机上进行登记，实际上是对快件运单相关内容的再描述，是对客户运单的信息维护。快件在每一站点快件接受、转发或派送等状态要记录，并要记录时间，这样方便客户查询其快件在途中的情况。

1. 快件信息录入的作用

在快递服务过程中，录入快件信息具有重要的作用：

（1）可以为寄件人提供快件传递状态和所在位置的查询服务。

（2）快件信息是快递企业内部作业各环节、各工序、各部门及各项业务工作的依据和凭证。

（3）快件信息能够为快件处理部门制订快件动态调整发运计划提供实时资料，使处理部门能够根据快件的各项信息提前做好快件运能计划，提高处理操作的可控性和快件的时效性。快件处理业务员需要在快件分拣封发工作中及时录入快件信息，并通过比对快件实物与信息，对漏登的信息进行补录。

2. 快件信息录入的环节

（1）运单录入。根据业务员开具或带回的单据进行系统的录入，并针对单据中填写不完整的信息及时沟通，并进行记录，每日整理不合乎规则的运单反馈给上级主管，以便与业务操作人员不断完善单据开具环节。

(2) 其他环节信息录入

1) 根据调度反馈的装车信息及发运信息，录入调度信息。

2) 根据客服反馈的在途跟踪信息进行录入（有时也是由客服人员完成）。

3) 根据到货情况录入节点信息（或由客服人员录入）。

4) 根据收货情况录入收货及签收信息（或由客服人员录入）。

5) 确认回单返回情况（或客服人员，或特定的单据管理人员）。

(3) 根据其他分部或上级的指示，导出数据，并做出简单的汇总分析。

3. 快件信息录入要求

(1) 准确。快件信息录入必须准确，不能出现丝毫差错，必须保证信息的正确性。

(2) 及时。快件信息录入需及时，快递员必须在派送后一定的时间内将快件信息录入公司系统。

(3) 完整。快件信息录入要完整，不能出现残缺信息或无法识别的信息。

4. 快件信息录入的操作

(1) 操作步骤。快件录入中包括快件的信息：快件单号、快件类型、发件人姓名（公司或个人）、收件人姓名（公司或个人）、发件人联系方式（电话或邮件）、发件人传真、收件人联系方式（电话或邮件）、收件人传真、发件人地址、收件人地址、起始地址、目的地址、货件内容、重量、包装形式、下一站地址、备注信息等。

例如，“揽件录入”，如图 2—14 所示。单击面板中的“揽件录入”或在主窗口工具栏上单击“录入窗口”按钮（或双击表格界面），即可打开窗口录入快件的基本属性，

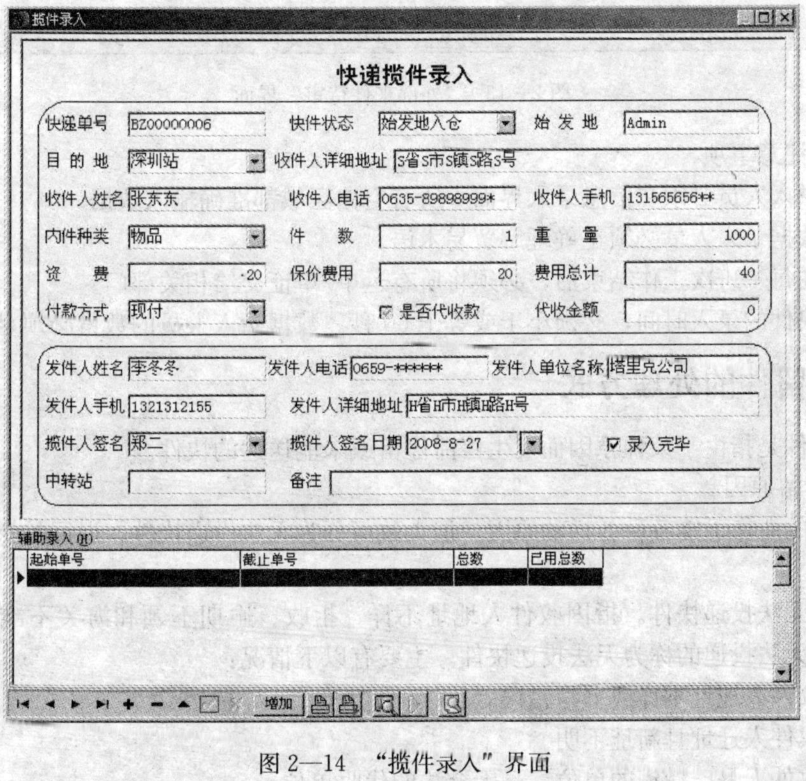

图 2—14 “揽件录入”界面

包括收件人、发件人、揽件人等。

“外部来件待审”，如图 2—15 所示。单击面板中的“外部来件待审”或在主窗口工具栏上单击“录入窗口”按钮（或双击表格界面），即可打开窗口选择调拨审核情况即可通过审核，快件就等待派送到收件人手中了。

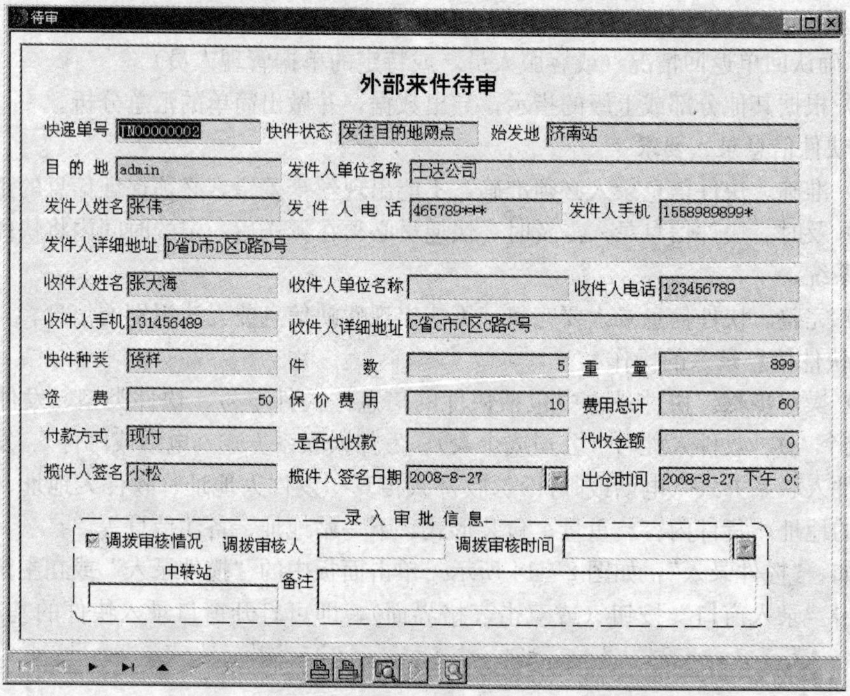

图 2—15 “外部来件待审”界面

（2）注意事项

1）录入人员必须在信息录入界面中所有空白区域都准确输入数据。

2）数据录入人员必须正确理解贸易术语。

3）在每一班次工作结束后，必须将所有运单/单证交给相关部门。

4）快件的录入时间，必须小于或等于 60 秒。数据录入人员的数量必须足够。

二、滞留件的处理方式

滞留件是指由于某种原因而发生停滞停留或未能送达的快件。

1. 滞留原因

快件的滞留可能各种各样的原因，但大致可分为无法投递快件、退回的快件和无着快件三类。

（1）无法投递快件。指因收件人地址不详、拒收、逾期不领和海关不准进口等原因，造成无法投递的称为无法投递快件。主要有以下情况：

1）收件人地址不详或书写错误。

2）收件人迁址且新址不明。

3）收件人是已撤销的单位，且无合法的代收单位。

单元 2

4）收件人死亡，且无合法代收人代收。

5）收件人拒收或拒付应付费用或税款。

6）海关不允许进口，必须退回原寄地。

7）其他原因无法投递的。

（2）无着快件。指因无法辨别快件寄件人地址、原寄局而无法寄退的“无法投递快件”。主要有以下情况：

1）无法投递快件封面未写寄件人地址或地址不清，又无法从标签和戳记辨别原寄递局，因而无从寄退的快件。

2）出口快件收寄后，经海关检查不准出口，因寄件人地址不详而无法退回寄件人的快件。

3）出口快件收寄后，发现内装禁寄物品，虽已通知寄件人，但未在通知期限内来领取的快件。

4）出口快件无法投递被退回，由于寄件人地址不详等原因无法退回寄件人。

2. 处理措施

造成滞留件的原因有很多种，但在具体操作过程中，快递服务组织应在投递前联系收件人，当出现快件无法投递情况时，采取以下措施：

（1）当出现首次无法投递时，快递服务组织应主动联系收件人，告知再次投递的时间及联系方法。

（2）再次仍无法投递，可通知收件人采用自取的方式，并告知收件人自取的地点和工作时间。若收件人仍需要快递服务组织投递的，应告知额外费用。

（3）若联系不到收件人，快递服务组织应在彻底延误时限到达之前联系寄件人，协商处理办法和费用，主要包括：寄件人放弃快件的，应在快递服务组织的放弃快件声明上签字，快递服务组织凭函处理快件；寄件人需要将快件退回的，应支付退回的费用。

（4）若联系不到收件人和寄件人，除不易保存的物品外，快递服务组织在对快件保存至少 3 个月后可以按照相关规定处置快件。

第3单元

客户服务

近年来，随着快递行业服务组织的兴起，越来越多的组织和企业进入快递行业中来，加之大型跨国公司进入中国市场，快递行业的竞争不断加剧。在这样的环境下，对于企业而言，客户是最重要的、最有价值的资源。因此，企业要能有效地向客户推荐快递服务产品，通过广泛、准确、及时收集、整理、分析客户信息，并加以反馈，建立良好的客户关系，提高企业竞争力。

第一节 客户服务的分类和作用

培训目标

→ 了解客户服务的概念
→ 熟悉客户服务的分类和作用

客户服务（Customer Service）是指一种以客户为导向的价值观。广义而言，任何能提高客户满意度的内容都属于客户服务的范围之内。客户满意度是指客户体会到的实际“感知”的待遇和“期望”的待遇之间的差距。

一、客户服务分类

客户服务在商业实践中一般分为三类，即售前服务、售中服务、售后服务。售前服务一般是指企业在销售产品或提供服务之前为顾客提供的一系列活动，如市场调查、产品设计、提供使用说明书、提供咨询服务等。售中服务则是指在产品交易或提供服务过程中销售者向购买者提供的服务，如接待服务、商品包装服务等。售后服务是指凡与所销售产品或服务有连带关系，并且有益于购买者特征的服务。

二、客户服务作用

1. 提高销售收入

客户服务通常是快递公司的重要要素，直接关系到快递公司的市场营销。快递公司功能的产出或最终产品是通过快递活动提供时间与空间效用来满足客户需求。快递客户服务无论是面向生产的快递，还是面向市场的快递，其最终产品是提供某种满足快递客户需求的服务。

2. 提高客户满意程度

客户服务是由企业向购买其产品或服务的人提供的一系列活动。从现代市场营销观念来看，对满足消费者需求来说，产品及其服务具有 3 个层次的含义，即核心产品、形式产品、延伸产品。

作为客户他所关心的是购买的全部产品，即产品的实物和产品的附加价值。而快递的客户服务就是提供这些附加价值的重要活动，它对客户满意程度产生重要影响。良好的客户服务会提高产品的价值，提高客户的满意程度。因此，许多快递公司都将客户服务作为企业快递的一项重要功能。

3. 降低流通成本

低成本战略历来是企业竞争中常用的战略，而低成本的实现往往涉及商品生产、流通的全过程，除了生产原材料、零部件、人力成本等各种有形的影响因素外，客户服务方式等软性要素的选择对成本也具有相当大的影响力。

4. 留住客户

客户是企业利润的源泉。在现代市场经济下，客户及其需要是企业建立和发展的基础。如何更好地满足客户的需求，是企业成功的关键。过去，许多企业都将工作重点放在新客户开发上，而对如何留住现有客户研究较少。实际上留住客户的战略更为重要。因为老客户与公司利润率之间有着非常高的相关性，保留住老客户可以保留住业务，同时摊销在客户销售以及广告的成本都较低，特别是满意的老客户会提供业务中介。因此，“不能让老客户投向竞争对手”已成为企业的战略问题。

5. 创造超越单个企业的供应链价值

快递服务作为一种特有的服务方式，以商品为媒介，将供应商、厂商、批发商及零售商有机地组成一个从生产到消费的全过程流动体系，推动了商品的顺利流动。另一方面，快递服务通过自身特有的系统设施不断将商品销售、库存等重要信息反馈给流通渠道中的所有企业，并通过不断调整经营资源，使整个流通过程不断协调地应对市场变化，进而创造出一种超越流通渠道内单个企业的供应链价值。

第二节 业务推广

培训目标

- 熟悉5S理念
- 掌握业务推广要领和方法

一、5S理念

“5S”是指“微笑（SMILE）、迅速（SPEED）、诚实（SINCERITY）、灵巧（SMART）、研究（STUDY）”五个词语英文首字母的缩写。“5S”理念是最具代表性的服务文化创新，不仅具有人性化十足的时代特点，还具备相当的可操作性。

1. 微笑

指适度的微笑。业务员要对顾客有体贴的心，才可能发出真正的微笑。微笑可以体现感谢的心与心灵上的宽容，笑容可以表现开朗、健康和体贴。

2. 迅速

指“动作迅速”，它有两种意义：一种是物理的速度，即工作时尽量快些，不要让顾客久等；二是演示上的速度，业务人员诚意十足的动作与体贴的心会引起顾客满足感，使他们不觉得等待时间过长，以迅速的动作表现活力，不让顾客等待是服务好坏的重要衡量标准。

3. 诚实

业务员如果心存尽心尽力为顾客服务的诚意，顾客一定能体会得到。以真诚不虚伪的态度工作，是业务人员的重要心态与为人处世的基本原则。

4. 灵巧

指“精明、整洁、利落”。以干净利落的方式来接待顾客，以灵巧、敏捷、优雅的动作来包装商品，以灵活巧妙的工作态度来赢得顾客信赖。

5. 研究

要时刻学习和熟练掌握商品知识，研究顾客心理以及接待与应对的技巧。平日多努力研究顾客的消费心理、销售服务技巧，多学习商品专业知识，就不仅会在接待顾客的层面上有所提高，也必定会有更好的成绩。

二、业务推广要领

1. 要准备客户的资料

众所周知，业务员接触的顾客层面非常广泛，那么前去访问时，一定要准备好顾客的一些相关资料，这是生意成功的第一步。不论是哪种类型的客户，业务员对于所接触到的主要洽谈人员的相关资料，如出生地、学历、背景、性格、兴趣，甚至家庭的状况，都应有所了解。

一个公司随时都有人事调动、职务变迁的情形，这一点业务员必须加以注意才行。若没有可资调查的情报，应先打电话给顾客公司的职员询问一番，了解一下相关状况，可以减少初次见面时的紧张感。

由于业务员面对的是不同的顾客，所以，业务员应该了解更多的知识，足以应付不同的顾客，也就是要求业务员能解决各个顾客的提问。

2. 要从客户角度考虑问题

一般来说，业务员在谈业务时，多习惯从自身考虑，这是导致失败的原因。其实只要从客户角度出发，有时反而更有效果。只有让客户感受到业务员确实在为他着想，全心全意致力于为他解决问题，那么他一定会愿意接纳业务员，从而选择业务员所提供的服务。

3. 引起客户的好感

客户对业务员有好感，才会对业务员产生信任，进而才有可能选择业务员推荐的产品。业务员首先要做的是通过良好的自我形象先把自己推介出去。业务员应当具备良好的道德修养，穿着大方得体的服饰，运用简洁清晰的语言表述，才能打动客户。要做到这一点并不容易，需要经过长期磨炼，从一点一滴做起。

(1) 良好的个人形象要注重个人仪容。业务人员的个人形象直接反映着快递服务企业与快递服务产品的质量。试想一个头发凌乱、面容污脏、张嘴有口臭、指甲不干净的业务员，怎能让客户产生好感与信任？又怎能让客户愿意购买快递服务的产品？

(2) 简洁清晰的语言会使业务宣传更加令人信服。语言是人类情感交流的纽带，业务员在较短的时间里吸引客户的最大魅力是语言。业务员在推销过程中，不可不说，也不可多说。从询问需求开始，只要了解客户有无需求，谁是决策者，就尽量闭住嘴巴，多听客户说。要善于把握客户的“弦外之音”。切忌眉飞色舞地喋喋不休，那样除了降低自己的形象外，只会引起客户的反感。

此外，谈话中要避免语言的公式化、定型化、俗套化，要用形象的描述、贴切的比喻，幽默的言辞给客户焕然一新的感觉。气氛较为紧张时，不妨开个玩笑，创造较为宽松的交谈环境。交谈内容不要涉及政治、宗教观念上的分歧；不要说竞争对手、领导、同事的坏话，不要说一些不景气的话，更不能泄露本单位和其他客户的秘密。

4. 满足客户的最大需求

业务推介并不是简单地向客户灌输产品功能。业务员需要牢记的是：快递产品本身的特征是业务员所关心的，但却不是客户关注的焦点，客户真正关心的是，通过使用某项快递产品时能够从中得到什么样的利益，也就是产品能够满足客户的需求。实践证明，业务员在回答客户关于产品咨询的时候，准确地把握住客户需求点，能更有效地打动客户。在不断拓展市场的同时，工作的专业度也会逐步获得客户的认可、赢得信任。

一旦答应客户的条件，就一定要履行，无论遇到多大的困难也不能以任何理由将其推给客户，做到“言而有信”。此外，“小事情”往往决定合作的成败。如：不给客户回电话、约会迟到、在得到客户帮助没有致谢、与客户交谈漫不经心……这些看似很小的事情，却足以失去一个客户。

三、业务推广方法

单元 3

1. 发放宣传资料

宣传资料包括名片、企业宣传单、企业产品或服务等。发放宣传资料是目前快递领域使用最广泛的业务推介方法，但是这种方法取得成功的概率正在逐步降低。究其原因，主要是客户在选择快递服务时，会综合考虑到时效性、安全性、便利性、价格、品牌、快递企业的服务范围、双方合作方式及熟悉度、业务员的服务态度、服务的灵活性等诸多因素，一张名片或是宣传单根本不可能为客户提供以上必要的决策参考信息。虽然这些信息与客户选择快递服务有直接的关联，事实上，却只有极少数的客户会自发主动地获取这些信息，所以发放宣传资料的推介方法实际上依旧是“被动地等待客户上门”的方式。在争取已有稳定的快递服务提供商的客户时，这方法显然是不足取的。

2. 发放调查问卷，询问客户需求

与发放宣传资料进行业务推介的方法相比，发放调查问卷的方法更多体现了以客户满意为导向的工作思维和工作方式，因此更有针对性。随着快递领域由卖方市场向买方市场的转变，客户的个性化需求越来越多，采取发放调查问卷、主动询问客户需求的方法比较容易把握客户的个性化需求。从市场情况来看，谁能把握住客户的个性化需求并予以满足，谁就更容易最终获得客户。

3. 利用客户向客户进行推介

利用客户向客户进行业务推介的前提条件是通过持续、稳定的优质服务在老客户中树立口碑。客户口碑是客户对某企业的赞同、认可或抱怨。好的口碑是最有说服力而且不需要花钱的广告。只要能够凭借始终如一的优质服务在客户当中树立起口碑，客户都会很乐意地向他们的客户推荐自己选用的快递企业的产品或服务，甚至会要求自己的供应商必须使用指定的快递产品或服务。

4. 电话营销

电话营销（Telemarketing）是一个较新的概念，出现于 20 世纪 80 年代的美国。随着消费者为主导的市场的形成以及电话、传真等通信手段的普及，很多企业开始尝试这种新型的市场营销方法。电话营销决不等于随机的打出大量电话，靠碰运气去推销出几样产品。这种电话往往会引起消费者的反感，结果适得其反。电话营销定义为：通过使用电话，来实现有计划、有组织，并且高效率地推扩大顾客群、提高顾客满意度、维护顾客等市场行为的手法。电话营销流程如图 3—1 所示。

图 3—1　电话营销流程

5. 网络营销

网络营销（On-line Marketing 或 E-Marketing）就是以国际互联网为基础，利用数字化的信息和网络媒体的交互性来辅助营销目标实现的一种新型的市场营销方式。简单地说，网络营销就是以互联网为主要手段进行的，为达到一定营销日的的营销活动。

（1）广义的网络营销。笼统地说，网络营销就是以互联网为主要手段［包括企业内部网（Intranet）、行业系统专线网（EDI）及国际互联网（Internet）］开展的营销活动。

（2）狭义的网络营销。指组织或个人基于开放便捷的互联网络，对产品、服务所做的一系列经营活动，从而达到满足组织或个人需求的全过程。

（3）整合网络营销。2002 年资深网络营销实践者敖春华提出整合网络营销概念：网络营销是企业整体营销战略的一个组成部分，是为实现企业总体经营目标所进行的，以互联网为基本手段营造网上经营环境的各种活动。这个定义的核心是营造网上经营环境，这个环境可以理解为整合营销所提出的一个创造品牌价值的过程，整合各种有效的网络营销手段创造更好的营销环境。

第三节　客户关系维护

培训目标

- 能够收集并分析客户信息
- 能够进行客户分类
- 能够维护客户关系

一、收集并分析客户信息

取得准确的客户信息，是客户服务的基础。取得客户信息后，不仅要对其进行整理，还要进行分析。分辨出一般客户、重要客户和贵宾客户，并分析客户差异对企业利润的影响。

客户信息分析步骤如下：

1. 划分客户群

由于客户需求受到客户思维方式、行动模式以及地区差异等多种因素的影响，区分不同的客户群成为制定服务战略的重要问题。在划分客户群的过程中，应充分考虑不同客户对企业的贡献度以及客户的潜在能力。

用“消费频率”和“平均消费额度”来衡量客户的贡献度，前者指一段时间内客户来消费的次数；后者指客户每次平均消费的金额。以这两个指标为坐标，可以得出客户贡献度分布图，如图 3—2 所示。

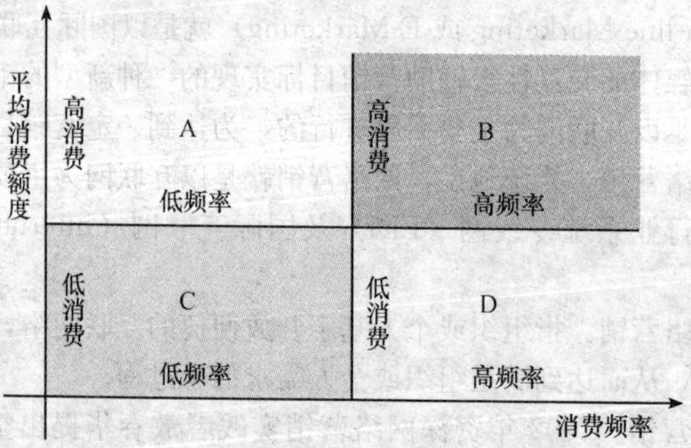

图 3—2　客户贡献度分布图

从图 3—2 可以看出：

A 区域的客户有消费能力，但消费频率不够高，需要培养忠诚度。

B 区域代表的“高消费”和“高频率”客户群对企业的贡献最大。

C 区域代表的“低消费”和“低频率”客户群对企业的贡献最小。

D 区域的客户消费能力不高，但消费频率较高，具有一定的忠诚度，但需要刺激消费能力。

B区域的客户群是企业最宝贵的客户资源，A和D区域的客户群是可以争取的客户资源，C区域的客户群价值最低，可放在最后考虑。可见，对企业来说，最重要的是扩大B、A、D三种客户群，把这些客户变成为真正的客户资源，不断挖掘潜力和进行拓展。

2. 了解客户需求的多样性，实行差异化服务

企业不能把精力和成本均摊到每个客户身上，因为每类客户价值的大小是不一样的。企业有必要通过个性化和增值服务手段来增大忠实客户群和有潜力客户价值，对于普通的客户需符合标准化的服务。

3. 调查客户潜在需求和调查潜在客户

挖掘客户的潜在需求是企业获取长期利润的法宝，而发现潜在客户是企业长期制胜的重要要素。对客户资源进行整合，目标非常简单——保留高价值的客户，并争取把那些有潜力的客户变为高价值的客户。

直观一些，即在保留B区域客户的同时，使A区域和D区域客户向B区域移动，如图3—3所示。

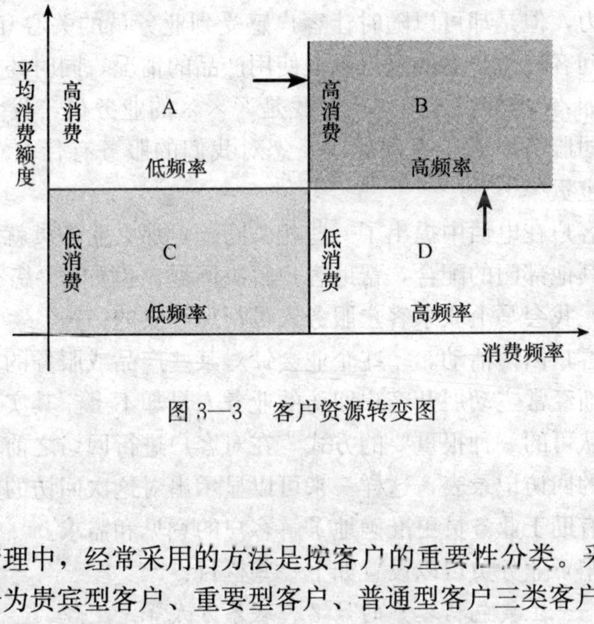

图3—3　客户资源转变图

二、客户分类

在客户资源管理中，经常采用的方法是按客户的重要性分类。采用ABC分析法进行划分，把客户分为贵宾型客户、重要型客户、普通型客户三类客户。客户创造的利润不同，客户数量比例和重要性也不一样。具体分类见表3—1。

表3—1　客户重要性分类表

客户类型	客户名称	客户数量比例	客户为企业创造的利润比例
A	贵宾型	5%	50%
B	重要型	15%	30%
C	普通型	80%	20%

三、客户关系维护

1. 客户关系维护的作用

单元 3

（1）留住老客户可使企业的竞争优势长久。成功的企业把如何留住老客户作为企业发展的头等大事之一。留住老客户对企业效益的贡献比只注重市场占有率和发展规模经济的贡献要大得多。如果能够和客户保持互惠互利的长期合作关系，不断提高客户的满意度，那么，相当一部分现有客户将会愿意更多地使用企业的产品和服务。

（2）留住老客户还会使成本大幅度降低。有关资料显示，发展一位新客户的投入是巩固一位老客户的5倍。因此，确保老客户再次使用本快递企业的快递产品，是降低推介成本和节省时间的最好方法。

（3）留住老客户还会大大有利于发展新客户。对于一个有快递使用需求的客户来说，亲友、同事、左邻右舍或其他人亲身经历后的推荐，往往比企业或业务员的介绍更为可信。留住老客户，会促进新客户的发展。资料显示，1个满意的客户通常会带来8笔潜在的生意，其中至少有1笔成交，而1个不满意的客户则会消除25个人的购买意向。

2. 客户关系维护的方法

（1）定期进行电话联系。业务人员可以在交易完成后定期与客户进行电话联系，这种方法既省时又省力，但是却可以随时让客户感受到业务员的关心和体贴。在电话中，业务员可以主动询问客户对产品的意见以及使用产品的情况，同时还可以了解客户是否又有新的需求。例如："您好，××先生，我是×××的业务员，我今天打电话是想问一下您在使用本公司服务时觉得有问题吗？您对我们的服务有什么意见可以直接告诉我，您的意见十分宝贵……"

当然了，如果客户在电话中提出了一些相关问题，那么业务员就要立即着手加以解决，或者寻求企业其他部门的配合，帮助客户解决问题。例如："您有哪些问题需要解决吗？如果有问题，我会马上联系客户服务人员帮您解决的……"

（2）适机展开客户回访活动。一些企业会针对某些产品或服务的市场开发进行必要的客户回访活动，而经常主动展开客户回访的业务人员却不多。其实，适机展开客户回访是获得客户积极认可的一种很重要的方式。在对客户进行回访之前，销售人员最好制定一个针对性较强的回访记录表，这样一来可以显示出对这次回访的重视，二来也方便客户填写。此外还有助于业务员更准确地了解客户的意见和需求。

在回访记录表中，业务员可以设置如下一些栏目：

客户基本信息——主要包括客户的姓名、联系方式等。

客户意见——这是整个回访记录表的核心内容，业务员可以通过此项内容更准确地掌握客户遇到的问题以及可能产生的不满等。

客户期望——如客户希望产品有哪些新功能，或者质量上有哪些改进等。这也是回访记录表的重要内容，业务员可以参照这些内容更充分地了解客户的新需求等。

（3）随时告诉客户最新产品动态。业务员还可以随时告诉客户有关本企业产品的最新动态，以满足客户的信息需求。这样可以方便客户随时掌握相关产品信息，从而更加关注最新产品。业务员可以通过打电话、发邮件、送产品资料等方式来告诉客户本企业产品的最新动态。

第4单元

快件接收

快件接收是快件处理的第一个作业环节。在到站快件接收作业过程中，场地接收人员对快件运输车辆的封志、快件交接单证的填写、总包快件的规格和质量等方面要认真执行交接验收规定，明确责任环节，确保快件的处理质量。

为防止在运输途中超小快件（航空运输，其长、宽、高之和不得小于 40 cm；铁路运输，不得小于 60 cm）发生遗失和信件型快件、快件运单被折叠、损坏，同时也为了便于快递服务过程中两环节的交接，缩短时间，提高效率，在快件运输环节中，往往采取将多个小件汇成总包运输的方法。因此，办理交接主要是指办理总包的交接。

将寄往同一寄达地（或同一中转站）的多个快件集中装入的容器或包（袋）称为总包。总包经由封扎袋口或封裹牢固形成一体，便于运输和交接。总包外必须拴有包牌或粘贴标签，同时总包内应附有快件封发清单或在包牌及标签写明内装件数。考虑到搬运方便，以及总包包袋的容量和承载能力限制，快件总包每包（袋）重量不宜超过 32 kg。

在保证快件安全质量的情况下，有些快递企业对较大快件不再装入总包空袋内，而是单独发运，但是在操作上仍视同总包，也必须登列交接单（路单），这些快件称作总包单件。

第一节 到件验收

培训目标

- 能验视、拆解车辆封志
- 能按要求卸载快件
- 能接收、验视进站总包
- 能核对进站总包与接收信息是否一致

一、总包交接

接收进站总包是处理环节的总进口，分拣中心必须严格把关，一丝不苟地进行检查，守住“大门”。快递服务组织对总包交接实行“交接单”交接。交接时应以“交接单”上登记的内容或网上信息为准，并与总包实物进行对比。对于验收发现异常的总包，交接双方应当场及时处理，明确责任。

1. 交接单

交接单是快递服务网络中运输和处理两个部门在交接总包时的一种交接凭证，是登记交接总包相关内容（如交接单号码、总包包号、发寄地、寄达地、总包数量、重量、快件种类等）的一种单式。有的快递企业也将交接单称为路单。

在快件处理过程中，交接单的功能基本相同，一般用于登记总包信息。交接单形式多样，有的交接单登记内容详细，有的只登记总包的数量及简要相关信息。EMS 中所用的交接单单式如图 4—1 至图 4—3 所示。

（1）交接单的使用范围。交接单主要用于三个总包交接环节：一是收寄、派送网点与分拣中心交接，二是快件运输环节与分拣中心或中转站交接，三是分拣中心或中转站与委托运输方交接。

1）收寄、派送网点与分拣中心之间使用的交接单，登列的内容主要是快件封发时间、发出站、接收站、封发人员、快件号码、收寄件人信息、重量、体积、件数、种类、车辆牌号、驾驶人员等。

2）干线汽车运输与分拣中心之间使用的交接单，登列的内容主要是车辆发出时间、始发站、经由站、终到站、总包快件数量、重量、驾驶人员等。

西邮机 002

发　日　　　　**收发　　路单**　　　　收　日

第________号

由________交________

共（　）页　　　　第（　）页

格数	号码	原寄局名	接收局名	袋	套	件	备注
1							
2							
3							
4							
5							
6							
7							
8							
9							
10							
11							
12							
13							
14							
15							
16							
17							
18							
19							
20							
发完　时　分			本页小计				
			共　计				

交接　时　分

寄发人员签名：__________　　接收人员签名__________

图 4—1　寄发人与接收人间的交接单

3）委托运输使用的交接单内容一般登记发出站、到达站、航班号或车次、数量、重量等。

在具体使用时，要按各快递企业的相关规定和要求正确填写。

(2) 交接单的作用。交接单是快件业务处理的证明，记录两作业环节交接总包时实际发生的情况。交接单也用于快递企业与委托承运部门或企业运费结算。交接单还用于明确两个作业环节之间总包交换的责任，是进行总包查询和赔偿的凭证。

西邮机 008

发 日　　　　　　　　　　　　　　　　　收 日

第________号

自________________至________________局

共（　）页　　　　　　　　　　第（　）页

格数	收寄号码	收寄局名	寄达局名	备注
1				
2				
3				
4				
5				
6				
7				
8				
9				
10				
11				
12				
13				
14				
15				
16				
17				
18				
19				
20				
			本页小计	
			共　计	

发完　　时　　分

封发人员签名：____________　　　　接收人员签名____________

图 4—2　封发人与接收人间的交接单

2. 总包接收

在快件传递过程中，总包接收是快件处理的重要环节。分拣部门接收趟车和转运部门交来的总包快件，要点验总包数目、规格，与交方办理快件及路单交接手续。

(1) 总包接收工作内容。到站快件按运输工具的不同可分为汽车运输到站快件、航空运输到站快件、火车运输到站快件。只有汽车运输（自有）到站快件能直达分拣中心，其他运输方式还需场（分拣中心）站（港）盘驳，才能到达快件分拣中心。不管使用哪种运输工具，最后装载快件进入分拣中心的都是汽车。分拣中心场地人员在办理汽车到站快件接收时，需要进行以下工作：

特快专递邮件封发清单

总包号码		封发日期			封发时间		页号	
封发日期	车（航）次						接收日戳	
	原寄局：EMS				寄达局：			
格数	邮件编号	收寄局	备注	■	格数	邮件编号	收寄局	备注
1				■	2			
3				■	4			
5				■	6			
7				■	8			
9				■	10			
11				■	12			
13				■	14			
15				■	16			
17				■	18			
19				■	20			
21				■	22			
23				■	24			
25				■	26			
27				■	28			
29				■	30			
总件数			封发人员签章			接收人员签章		

图 4—3 封发清单

1）引导快件运输车辆安全停靠到指定的交接场地。同时注意车辆和人身安全，特别要注意工作人员在引导车辆时不能站在车的正后方。

2）核对快件运输车辆牌号，查看押运送件人员身份。

3）检查快件运输车辆送件人员提交的交接单内容填写是否完整，有无漏项，章戳签名是否规范准确。

4）检查到站快件运输车辆的发出站、到达站/终到站、到达（开）时间，查看是否延误并在交接单上批明运输车辆实际到达时间。

5）检查车辆的封志是否完好，有无拆动痕迹，卫星定位系统记录有无非正常停车或非正常启动车门的记录。

6）核对总包的数量与交接单载明信息是否一致。如果总包的数量与交接单信息不符，需双方当面查清核实或在交接单上批注实收数量。

7）检查总包是否有破损等异常现象。对不符合标准的总包，双方应当面处理，记录情况。

8）交接结束时，在快件交接单上签名盖章。

（2）总包接收工作要求

1）按车辆到达的先后顺序接收总包（有特殊规定的除外）。不同批次或车次的总包应该分别接收，不得混淆处理。接收操作快速、准确，应在规定时间内完成总包的接收处理。

2）总包接收处理要求两人或两人以上作业。接收总包时，收方负责逐包扫描，同时验视总包，复核总包数量、规格。交方负责监督总包的数量。

3）对总包进行逐包扫描称重，完毕后上传信息比对扫描结果，或将扫描信息与交接单内容进行核对。

4）发现总包异常或总包数量、路向等与信息不符，应及时、准确地做出处理或反馈。

3. 总包接收验视

总包接收验视要求做到及时、准确、负责，也就是要求在尽可能短的时间内，准确地验视总包的数量、质量和包装，以认真负责的态度去对待验视。

（1）总包接收验视的意义。对总包验视包括对总包数量、质量和包装的验视，即复核总包数量是否与交接单相符，规格、牌号等有无差错，总包的质量是否符合规定的要求，总包包装能否保证在储存和运输过程中的安全。因此，总包接收的验视具有重要的意义，具体表现如下：

第一，可以分清交接双方的责任。

第二，有利于采取适当的保护措施。

第三，总包接收验视是接收方提出退回总包或者重新包装的依据。

第四，可以防止劣质快件进入流通渠道，保证快件质量。

（2）总包接收验视方法。在接收总包时，应对总包做以下方面的验视：

1）总包发运路向是否正确。

2）总包规格、重量是否符合要求。包牌或封志是否有脱落或字迹不清、无法辨别的现象。

3）总包是否破损或有折动的痕迹，是否有水湿、油污等现象等。

在快件的总包交接过程中，如发现物流快件外包装箱有严重挤压、破损、水湿，或有人为撕破、打开的痕迹，可能造成内件损坏或短少的，交接双方就地验同开拆（另有约定的除外），根据“装箱清单”清点内件数量、验视内件包装有无破损，如有不符，应在路单和袋内清单上批注并共同签证，收方应向封发局缮发验单，并附寄相关封志、袋牌等以作证明，同时，将验视结果告知发件人。然后，经妥善包装后，附验、套袋加封发往前途。若属于外包装箱一般性刮、碰、挤压或水湿，内件没有外露，且目视不致造成内件损坏、丢失的，可在相关单证上批注后，继续发往前途。

二、车辆封志

为防止车辆在运输途中被打开，保证已封车辆完整地由甲地运到乙地，固封在快件运输车辆车门一种特殊封志，称为车辆封志。其为快件运输途中保证安全、明确责任的重要手段。随着信息技术的发展，可利用全球卫星定位系统（GPS）来监视快件运输车辆的车门，GPS 可记录车门打开的信息，可用来确定车门是否被无故打开，从而提高快件运输过程中的安全性。

1. 车辆封志种类

车辆封志大体上可分为两大类：一类是实物封志，一类是信息封志。

（1）实物封志。实物封志是目前绝大多数快递企业普遍使用的封志，成本较低，但是操作相对烦琐，且大多不能重复使用。

从材质上可以将实物封志分为三类：一是纸质类，如封条、封签等；二是金属类，如铅封、施封锁等，如图 4—4 所示；三是塑料类，一般称塑料封志，如图 4—5 所示。而经常被快递企业所使用的是金属类和塑料类的封志。

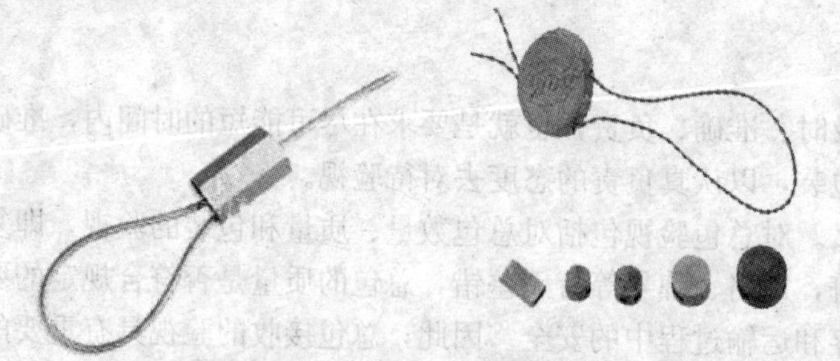

一般金属封志

铅志封志

数码施封锁

普通施封锁

图 4—4　金属封志

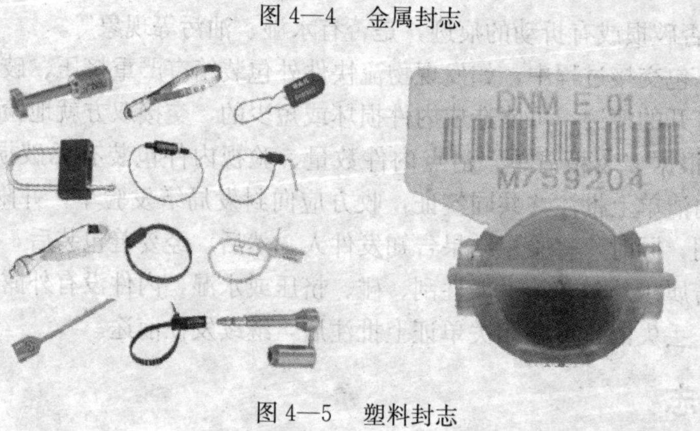

图 4—5　塑料封志

(2) 信息封志。信息封志是全球卫星定位系统（GPS）与地理信息系统（GIS）相结合的信息记录。它可以通过即时记录车辆的运行和车门的开关来明确责任，起到一种威慑作用。信息封志操作简单，但是技术要求高，且投资大。

2. 拆解车辆封志

车辆封志类型不同，拆解方法也不同。对于金属封志、铅封、塑料封志等，使用剪刀或专用钳来拆解封志，剪开封绳；对于施封锁，使用施封锁专用钥匙开启，拆封人员应妥善保管钥匙以备查询及循环使用。

拆解车辆封志的步骤：首先要认真检查封志是否已被打开，封志上的印志号码或封志标签是否清晰可辨。如果铅封印志模糊或者塑料封志反扣松动能被拉开，就必须在交接单上进行批注。然后扫描封志上的条形码并与上一环节所发信息比对，如果是手工登记，则需与交接单内容进行核对。最后拆解，这时要注意不得损伤封志条形码或标签。

【参考阅读】《国内特快专递邮件处理规则》中，对邮包接收的明确要求

1. 对各航（车）次或转趟车交来的进口邮袋，应办理以下事项：

在相关路单上批注到达时刻，若按卸交时间有晚点情况，则应批注原因。

所收邮袋要逐袋勾挑，核对与路单登列节目是否相符。同时验看邮袋袋身、袋牌、封志、绳扣是否合乎规定。无误后在路单上盖章签收。

2. 接收邮袋如有下列情况应当视为不合规格：

• 袋牌——接收局名字迹模糊，不能辨别。

• 铅志——字迹模糊，不能辨别封发局名，有撬动、锤砸等痕迹，袋绳可以从铅志中抽出。

• 绳扣——袋绳有接头，捆扎不紧，能将绳扣捋下。

• 袋身——袋皮有较大破洞、裂口，有 2 cm 以上破口或非机器缝补的破口；袋皮水湿油污。

• 整袋重量短少。

接收邮袋发现上述情况应由交方负责开拆，保留袋皮、铅志、袋牌和袋绳，会同收方共同查验内装邮件，如有不符，应在路单和袋内清单上批注并共同签证。由收方向封发局缮发验单并随验单附寄有关袋皮、袋牌、袋绳、铅志作证。

单元 4

三、总包安全卸载

将进站总包从快件运输车辆上卸载到处理场地的作业过程，称之为总包卸载。卸载总包时要注意快件的安全。各快递企业的实际操作往往是总包卸载和总包交接验收同时进行，目的是提高作业效率。

1. 总包卸载作业要求

(1) 按照要求卸载总包，不得有任何可能损坏快件的行为，如：抛掷、拖拽、摔打、踩踏、踢扔、坐靠等。卸载时，总包袋口不得拖地。

(2) 对于贴有易碎品标志的总包单件要轻拿轻放，放置时需要注意的是：在快件底部低于作业面 30 cm 的时候才能放手。

（3）卸载破损总包时，应注意保护内件，避免二次损坏快件。

（4）使用机械或工具辅助卸载，应正确操作卸载机械或工具，禁止任何有可能损坏快件的操作，尤其禁止野蛮粗暴操作。

（5）遇到雨雪天气，应做好防水防潮及受潮物品处理工作。一旦遇有受潮快件，应妥当处理，严禁挤压，并烘干受潮物品。

（6）总包卸载后，应区分直达与中转路向、手工与机械分拣快件，并按堆位分别码放。码放时做到重不压轻，大不压小。码放的总包应有序、整齐、稳固，总包袋口一律向外。

（7）为防止码放时砸坏轻件、小件，偏大、偏重的总包单独码放或码放在底层，易碎物品、不耐压的快件应放置顶层或单独码放。此外，对标有不准倒置、怕晒、怕雨、禁止翻滚、堆码重量和层数受限的快件，应按操作标准进行作业。

（8）码放在拖盘、拖车、拖板上的总包，其高度一般不超过把手。

（9）不规则快件、一票多件快件、需特殊处理以及当面交接的快件都应单独码放。

（10）水湿、油污、破损的总包应交专人进行处理。

（11）卸载结束后，接收人员应检查车厢和场地周围有无其他遗留快件。

2. 总包卸载作业安全要求

（1）应该在车辆停靠稳妥后再进行卸载作业，进出车厢应使用防护扶手，避免摔伤。

（2）为了避免身体受到伤害，着装一定要规范，防护用品佩戴要齐全，如佩戴专用防护腰带、穿好防护鞋。以下情况要戴专用防护手套：卸载金属包装或表面不光滑、带有尖锐物包装的快件，以及其他任何有可能造成伤害的快件。

（3）卸载体积偏大、偏重的总包快件，应双人或多人协同作业，在必要时使用设备卸载。

（4）对于卸载快件中有内件物品破损并有渗漏物，如：液体、粉末状固体、半固体状物品，或者疑似有毒、剧毒、不明化工原料，必须使用专用防护工具、用品和防护设备进行隔离，不得用身体直接触摸或鼻嗅。

（5）如果将卸载总包堆码在手动运输的托盘、拖车、拖板上，堆码重量不得超过设备承载的限定要求，堆码宽度应小于底板尺寸。为了防止在快件倒塌时被砸伤，对于托盘、拖车，堆码高度不应高于托盘和拖车；对于拖板，堆码高度不应高于标准人体高度。

（6）在运输时使用托盘和拖车应分清车头车尾，不得反向操作。拉运快件时应目视前方，不得左顾右盼。卸载所用到的机械或工具，不得载人。

四、包装储运标志

包装储运标志的主要作用是在储运过程中提醒作业人员识别货物，合理操作。

1. 标志的尺寸和颜色

（1）标志尺寸。标志外框为长方形，其中图形符号外框为正方形，尺寸一般分为四种见表 4—1。如果包装尺寸过大或过小，可等比例放大或缩小。

表 4—1　　图形符号及标志外框尺寸　　续表

序号	图形符号外框尺寸	标志外框尺寸
1	50×50	50×70
2	100×100	100×140
3	150×150	150×210
4	200×200	200×280

（2）标志颜色。一般为黑色，如果包装的颜色使得黑色标志显得不清晰，则应在印刷面上用适当的对比色，最好以白色作为图示标志的底色，必要时，标志也可使用其他颜色。除非另有规定，一般应避免采用红色、橙色或黄色，以免同危险品标志相混淆。

2. 标志的使用方法

（1）标志的打印。可采用印刷、粘贴、拴挂、钉附及喷涂等方法打印标志。印刷时，外框线及标志名称都要印上；喷涂时，外框线及标志名称可以省略。

（2）标志的数量和位置。一个包装件上使用相同标志的数目，应根据包装件的尺寸和形状决定。标志在各种包装件上的粘贴位置：

1）箱类包装位于包装端面或侧面。

2）袋类包装位于包装明显处。

3）桶类包装位于桶身或桶盖。

4）集装单元货物应位于四个侧面。

3. 包装运输标志的分类

按其用途可分成运输标志（Shipping Mark）、指示性标志（Indicative Mark）、警告性标志（Warning Mark）、重量体积标志和产地标志。下面主要介绍常见的指示性标志与警告性标志。

（1）指示性标志。是一种操作注意标志，以图形和文字表达，如小心轻放、由此起吊、禁止翻滚等。为保证快件安全，防止快件内容在卸载、装载、搬运过程中被损坏或损毁，对搬运有特殊要求的物品都在快件包装箱的侧面或包装箱的角上贴有指示性标志，提示搬运人员按规定搬运。具体标志见表 4—2。

表 4—2　　指示性标志名称及图形

序号	标志名称	图形符号	标志	含义	说明及示例
1	易碎物品		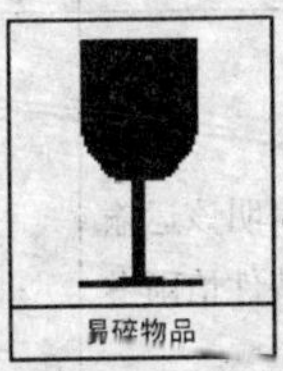	表明运输包装件内装易碎物品，搬运时应小心轻放	使用位置示例 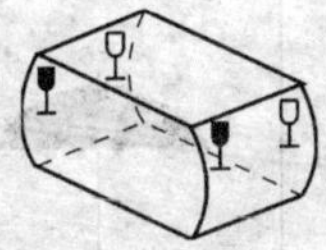

续表

序号	标志名称	图形符号	标志	含义	说明及示例
2	禁用手钩			表明搬运运输包装件时禁用手钩	
3	向上			表明该运输包装件在运输时应竖直向上	使用位置示例 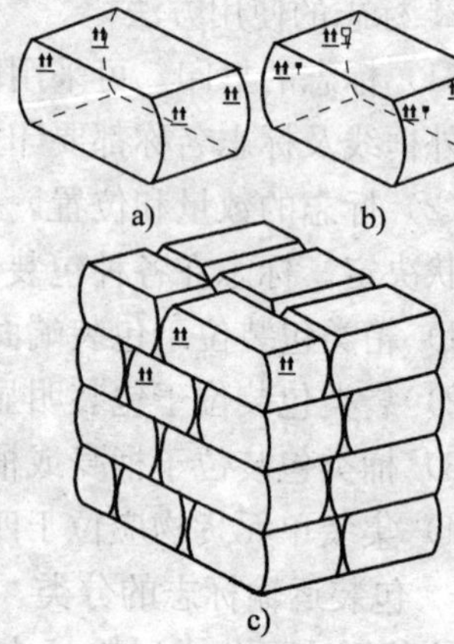
4	怕晒	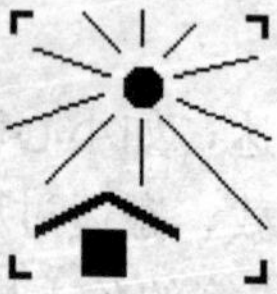	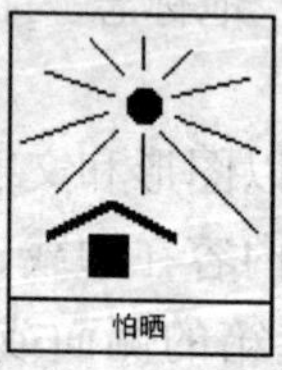	表明该运输包装件不能直接照晒	
5	怕辐射			表明该物品一旦受辐射会变质或损坏	
6	怕雨			表明该运输包装件怕雨淋	

续表

序号	标志名称	图形符号	标志	含义	说明及示例
7	重心		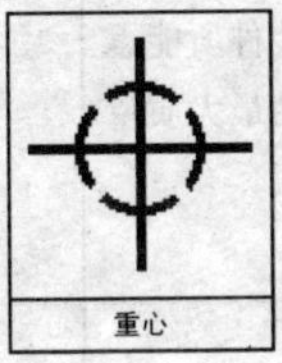	表明该包装件的重心位置，便于起吊	使用位置示例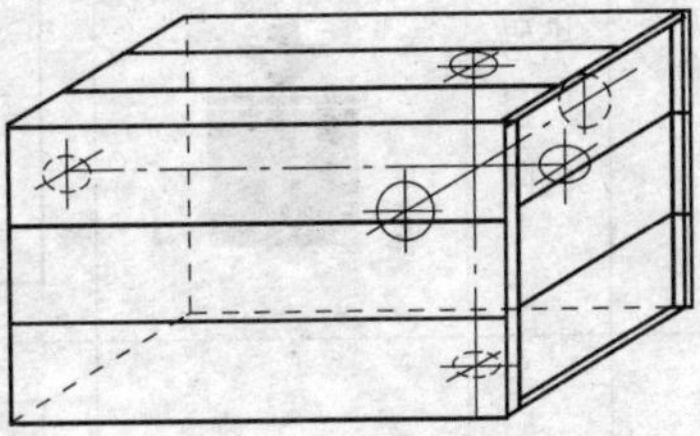该标志应标在实际位置上
8	禁止翻滚		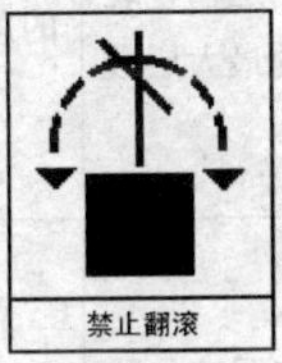	表明搬运时不能翻滚该运输包装件	
9	此面禁用手推车			表明搬运货物时此面禁止放在手推车上	
10	禁用叉车			表明不能用升降叉车搬运的包装件	
11	由此夹起		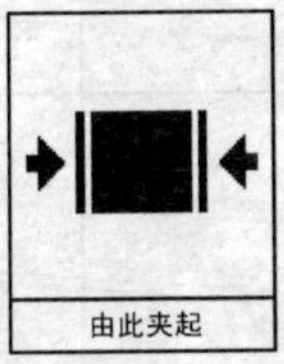	表明搬运货物时可用夹持的面	
12	此处不能卡夹		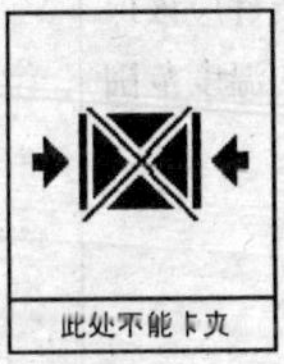	表明搬运货物时不能用夹持的面	

续表

序号	标志名称	图形符号	标志	含义	说明及示例
13	堆码质量极限			表明该运输包装件所能承受的最大质量极限	
14	堆码层数极限	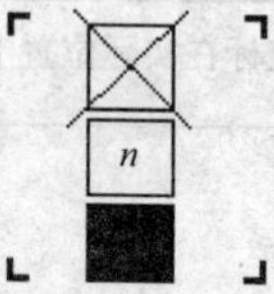	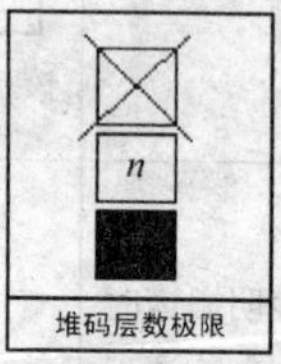	表明可堆码相同运输包装件的最大层数	包含该包装件，n 表示从底层到顶层的总层数
15	禁止堆码	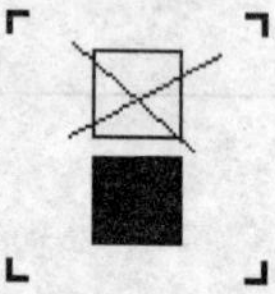	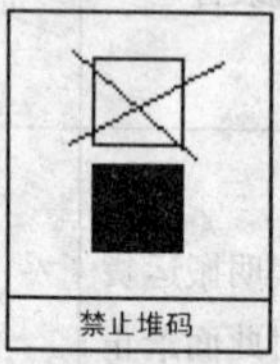	表明该包装件只能单层放置	
16	由此吊起	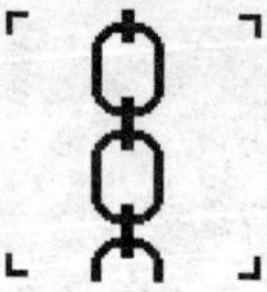	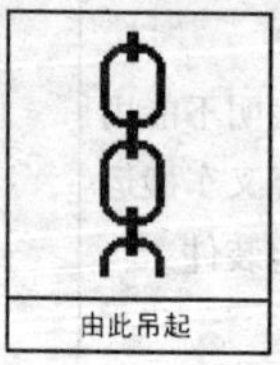	表明起吊货物时挂绳索的位置	位置示例 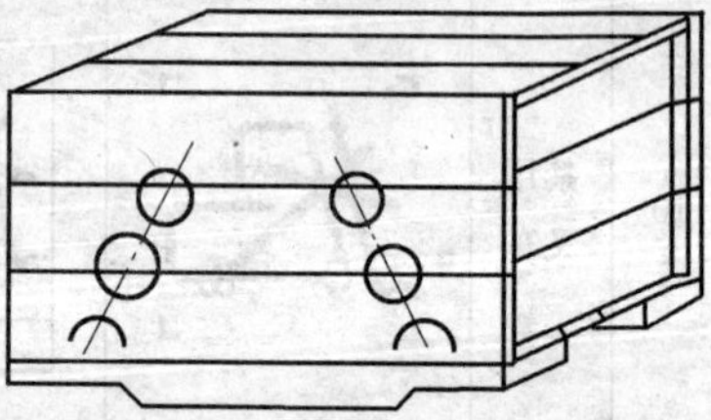 应标在实际起吊位置上
17	温度极限	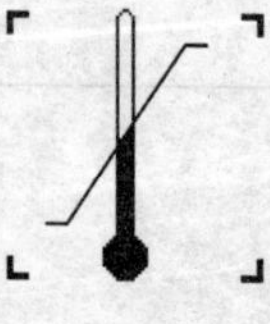	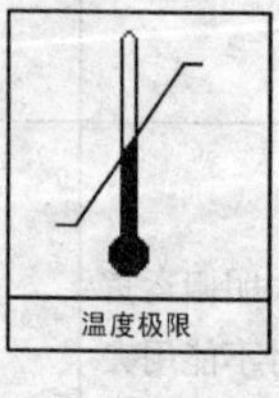	表明该运输包装件应该保持的温度范围	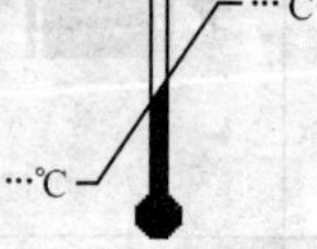 a) 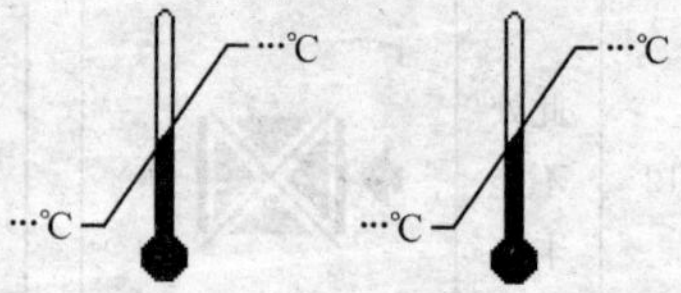 b)

单元 4

（2）警告性标志。又称危险品标志，指在易燃品、爆炸品、有毒品、腐蚀性物品、放射性物品的运输包装上表明其危险性质的文字或图形说明，具体标志见表 4—3。

表 4—3　　警告性标志

 爆炸品标志 （符号：黑色；底色：橙红色）	 易燃气体标志 （符号：黑色或白色；底色：正红色）	 不燃气体标志 （符号：黑色或白色；底色：绿色）
 有毒气体标志 （符号：黑色；底色：白色）	 易燃液体标志 （符号：黑色或白色；底色：正红色）	 易燃固体标志 （符号：黑色；底色：白色红条）
 自燃物品标志 （符号：黑色；底色：上白下红）	 遇湿易燃物品标志 （符号：黑色或白色；底色：蓝色）	 氧化剂标志 （符号：黑色；底色．柠檬黄色）
 有机过氧化物标志 （符号：黑色；底色：柠檬色）	 剧毒品标志 （符号：黑色；底色：白色）	 有毒品标志 （符号：黑色；底色：白色）

单 元 4

续表

 **有害品标志** （符号：黑色；底色：白色）	 **一级放射性物品标志** （符号：黑色；底色：白色， 附一条红竖线）	 **二级放射性物品标志** （符号：黑色；底色：上黄下白， 附两条红竖线）
 **三级放射性物品标志** （符号：黑色；底色：上黄下白， 附三条红竖线）	 **腐蚀品标志** （符号：上黑下白；底色：上白下黑）	 **杂类标志** （符号：黑色；底色：白色）

（3）常见英文标志。上述标志的常见英文标识见表 4—4。

表 4—4　　包装运输标志的英文标识

指示性标志			
GUARD AGAINST DAMP	防潮	DO NOT DROP	切勿乱摔
KEEP FLAT	必须平放	NOT TO BE LAID FLAT	切勿平放
SLIDE HERE	从此处吊起	STOW AWAY FROM HEAT	切勿受热
NEW YORK IN TRANSIT	运往纽约	NO TURNING OVER	切勿倒置
NO DUMPING	切勿投掷	OPEN HERE	此处打开
DO NOT CRUSH	切勿挤压	THIS SIDE UP	此端向上
HANDLE WITH CARE	小心轻放	PORCELAIN, HANDLE WITH CARE	小心，瓷器
PERISHABLE GOODS	易腐物品	FLAMMABLE	易燃品
FRAGILE	易碎物品	CANADA VIA HONG KONG	经香港运往加拿大
KEEP IN DARK PLACE	暗处存放	CENTER OF GRAVITY	重心点
KEEP DRY	保持干燥	LIQUID	液体
警告性标志			
FLAMMABLE COMPRESSED GAS	易燃压缩气体	EXPLOSIVES	爆炸品
POISON	有毒品	MATERIAL RADIOACTIVES	放射物品
HAZARDOUS ARTICLE	危险物品	OXIDIZING MATERIAL	氧化剂

单元 4

第二节　总包拆解

培训目标

→ 能拆解进站总包并核对快件清单与实物是否一致

→ 能使用计量设备进行快件复核

总包拆解作业，就是开拆已经接收的进站快件总包，将快件由总包转换为散件。开拆总包时，对封扎总包袋口的扎绳必须严格按规定操作；对总包空袋的袋身必须严格检查，并妥善保管，不得随意乱扔。这是因为总包拆解实质上是对总包内快件的接收，交接双方不是面对面的当场交接，而是一种“信誉交接”。为了能够分清交接双方的责任，要求对上一环节封装的快件总包开拆后，还能恢复其“原始状态”。这样，一旦出现问题件，有利于辨明拆封双方的责任。

一、总包拆解方法

总包拆解主要分人工拆解和机械拆解两种方式。

1. 人工拆解总包

人工拆解总包的操作步骤及要求如下：

（1）验视总包路向，对误发的总包不能拆解，应剔除出来交作业主管。

（2）检查快件总包封装规格。扫描包牌条形码信息，扫描不成功或无条形码的，手工键入总包信息。

（3）拆解铅封时，剪断总包封口封志的扎绳，只剪断一处，不要损伤其他部分，保持包牌在绳扣上不脱落。拆解塑料封扣时，应在拴有包牌一面的扣齿处剪开，以保证包牌不脱落。

（4）倒出快件后，应利用“三角看袋法”或翻袋等方式检查总包空袋内有无遗留快件。为了保证袋内不遗留邮件，每开完一袋后要随即用手将袋口撑开，采用“三角看袋法”，即用两手拿住袋口边沿，以肘撑入，将袋皮支撑成三角形，仔细查看袋内有无遗留邮件，不得在开拆后将袋倒扣替代查看。

（5）检查由总包内拆出的封发清单所填写的内容是否正确，然后将快件封发清单整齐存放。

（6）如有易碎快件，必须轻拿轻放。

（7）破损、水湿、油污、内件散落等快件以及不符规格的快件应及时交作业主管处理。

（8）区分手工分拣和机械化分拣快件，将需要机械分拣的快件运单向上、顺序摆放。超大、超重不宜机械分拣的快件及破损、易碎物品的快件要单独处理。

（9）拆解结束时，检查作业场地有无遗留快件和未拆解的总包。

单元 4

2. 机械拆解总包

利用机械设备把总包悬挂提升，实现人机结合拆解总包的方式称为机械拆解总包。利用机械拆解可以大幅度减轻拆解人员的劳动强度，提高劳动效率。目前，快递企业采用的总包拆解机械设备主要有简易提升机（电动葫芦）、推式悬挂机等。

（1）机械设备使用安全要求

1）作业前，操作人员应按要求着装，留有长发的女工要把头发盘起，戴好工作帽，头发不能外露，以免卷入机器。

2）设备开启后，检查本工作台设备运行是否正常。

3）如果快件总包体积、重量超过规定限度，不得使用机械拆解，要用手工方式处理。

4）根据拆解出快件的体积和重量按设备的使用要求分类摆放。

5）严禁将其他与设备无关的物品放在设备上，不得使用任何物品刻画、摔打设备。

6）设备运转时，严禁无故使用急停开关或中断设备电源，严禁身体任何部位接触设备。

7）如果总包拆解设备出现非正常运转或停止运转现象，拆解人员均不得自行处理，应通知专业人员维修。

8）作业结束，关闭开启按钮，清理设备场地。

（2）机械式拆解总包的操作

1）验视快件总包路向，将误发的总包剔除出来。

2）使快件总包袋鱼贯地进入开拆轨道，处理完一个总包后再开拆下一个总包。

3）拆塑料封志时，拴包牌一面的剪口在扣齿处，保持包牌不脱落。如果开拆用绳封的快件总包时，应该只剪断一股绳，不可损伤其他部分，保持包牌在绳扣处而不脱落。

4）扫描包牌条形码信息，扫描不成功或无条形码的手工键入总包信息。

5）核对拆出的封发清单。

6）逐件扫描快件条形码，与接收的信息比对。

7）每个总包开拆完毕后，将快件（贴有运单的一面向上）整齐放到传输机传输分拣。

8）拆解易碎物品总包时，调整升降高度，将总包袋口接近工作台，轻轻地取出快件，检查快件有无水湿、渗漏、破损等情况。

9）如果快件总包内有保价快件、优先快件，验视快件包装，将运单填写的内装物品名称与清单核对，单独封发处理。

10）将不能机械化分拣的快件，转交其他工作人员进行手工处理。

11）快件总包拆解完毕后，检查总包空袋内有无遗留快件。清单后，将总包空袋移出作业台。拆解时遇到问题件应及时通知主管处理。

12）拆解结束，注意拆解实际件数（拆解系统统计）与系统信息进行比对。

13）工作结束，关闭设备电源，退出拆解系统。检查作业场地周围有无遗漏快件，清扫作业场地，上交扫描用具、专用钳等用品用具，集中保管。

【参考阅读】《国内特快专递邮件处理规则》中对邮包的分拆处理过程的明确要求。

1. 开拆邮袋时，应按下列要求处理：

（1）开拆邮袋时，扎绳应当剪断一处，保持扎绳、封志和袋牌连在一起。

（2）开拆后的袋皮、铅志连同袋绳、袋牌，在内装邮件查核无误前要单独放置一边。

（3）开拆邮袋要双人合同处理。

（4）从邮袋内倒出邮件时动作要轻，应用“三角看袋法”仔细验看袋内有无遗留邮件。

2. 邮袋开拆后应当查核下列事项：

（1）袋内清单与袋牌号码是否一致，邮件种类是否为特快专递邮件。

（2）根据清单登列的项目与邮件逐件勾挑核对。

（3）检查邮件有无误发。

（4）对所有物品类邮件均应检查其外部封装情况，有无破损或拆动痕迹。

（5）经二人查核无误后，在相关清单上加盖日戳和经手人员名章。

二、快件处理场地整理要求

在快件处理过程中要注意用品用具的整理。具体有以下要求：

（1）拆下的包牌、封志应放在专用箱内。

（2）拆下的快件封装杂物或绳等应放在专用箱内。

（3）区分一次性使用和循环使用的总包，将完好的总包空袋按型号和材质整齐叠码堆放；将破损、水湿、油污的总包空袋放到指定位置。

（4）清理总包空袋上粘贴的快件总包条形码签，并存放在指定区域待用。

（5）作业结束，检查场地有无散落空袋。

三、快件处理场地安全要求

在快件处理场地每天都有大量快件经过多名操作人员处理完成作业。为保障快件安全和信息安全，快件处理场地有以下几点安全要求：

（1）不得泄露和私自抄录快件封面所列收、寄件人的地址、姓名。

（2）严禁将快件带离处理场地。

（3）任何人不得将私人拎包（袋）带进处理现场。

（4）快件处理场地配设存放工具、业务单证和用品的专柜或抽屉，不准存放私人物品。快件处理场地内不得设有更衣室，更衣室必须与现场严格分离。

（5）发现隐匿、毁弃或非法开拆他人快件的行为，应及时向处理场地主管报告。

（6）发现封装破损或裂口的快件，应交专人处理，不得擅自处理或置之不理。

（7）班次结束，未处理的快件应交给接班人员接管或交由专人保管。

（8）快件处理场地内不得使用明火、电热杯、电炉等。快件处理场地不得存放易燃、易爆和强腐蚀性物品。

（9）应防止快件被水湿、污染等情况发生，同时，长时间滞留或留存快件应防鼠咬。

（10）快件处理场地应设置监视系统。

（11）发现安全隐患或设备非正常运转时，应及时向场地主管报告。

四、快件处理场地消防安全

客户交寄的快件大部分是可燃物，快件处理场地一旦失火，就会迅速蔓延，造成严重损失。为保障客户利益和企业效益不受损失，保护人身和财产安全，快件处理场地要配备一定数量的灭火器材，而且要保证每名作业人员掌握一定的防火知识，了解灭火器材的放置地点，并能熟练掌握灭火器材的使用方法。

1. 防火组织领导及职责

（1）场地的防火安全工作，在大区的领导下，建立场地一级消防安全组织，场地站长为防火安全的第一负责人，制定消防安全计划，落实消防安全责任。

（2）确定一名场地行政领导具体负责日常检查工作，对不安全的隐患及时研究整改，解决不了的问题要及时上报大区，未解决前要有严密的防范措施，“死盯死守”直至隐患排除。

（3）场地的消防安全组织，应做好如下工作：消防安全教育、火源管理、电源管理、储存管理、消防设施管理以及消防器材的使用和消防演练。

（4）场地的消防安全教育是每个员工上岗的必修课，要求每个员工必须懂得场地消防工作的重要性，具有消防安全的责任感；与场地签订防火安全责任书。

（5）每个员工必须管理好本岗位的消防器材，学会灭火器的使用和维护，参加场地组织的消防演练。

2. 火源管理

（1）场地内必须严格区分仓库作业区和生活办公区，仓库作业区以内均属禁火区，办公室、员工休息室没有与库区严格分开的，禁止在室内、外吸烟和使用明火等。

（2）仓库作业区内不准进行任何动用明火的维修、封焊作业，因特殊需要作业的，事先必须填写《临时动火作业申请表》，经场地防火负责人同意，方可施工。

（3）进行明火作业前，场地防火负责人必须制定出扑火方案，备足消防器材，并派人到现场监护。作业结束后，及时清理现场，切实查明无火种和其他隐患后方可离开。

3. 电源管理

（1）库房安装生产用电气设备，必须按公安消防部门的有关规定报批、安装、验收、使用。

（2）库内电气设备在使用期间除经常检查外，每年至少进行两次绝缘检测，发现可能引起打火、短路、发热和绝缘不良等问题应及时修理。

（3）场地的生产、生活用电必须按照设计规范由正式电工安装和维修，其他人员不得擅自拉线、安装维修电器。

（4）库内不准架设临时电线，必须使用时要经防火负责人同意，由专职电工操作，临时电线使用时间不宜过长，用后立即拆除。

（5）叉车充电应在充电室由电工（或经培训合格的专人）操作。

(6) 每栋库房外单独安装电源分闸，为防雨水应在电源分闸处安装保护箱。

(7) 上下班和交接班时，各部门主管均应检查所用电器及电源等是否按规定启闭。

(8) 场地站台库、办公室、员工休息室不准使用电熨斗、电炉子、电烙铁等电气设备。

4. 场地设施的管理

(1) 快件货物应根据不同性质分库、分区、分类、分垛储存，主要通道宽度不少于2 m。

(2) 易燃易爆物品不得在普通仓库储存，性质互相抵触和灭火方法不同的物品不准混存。场地主管应随时掌握库存物品存放位置、货物名称、大致数量、物品性能和灭火方法。

(3) 因高温、高湿能引发自燃的非危险物品，在码盘、堆垛时采取通风堆码方法，要有专人定时测温，并适时通风、除湿排除隐患。

(4) 场地停车场、生活区办公用房和站台库内要经常保持整洁，对易燃物品要随时清理。

(5) 严禁汽油、柴油机动车辆进入站台库。进入库区作业的外部车辆不准加油、维修，不准在车上吸烟。

(6) 凡不准用火的区域都要设置明显的禁烟禁火标志。

5. 消防设施的管理

(1) 快件处理场地（仓库）区域内应当按照《建筑设计防火规范》规定设置消防给水设施，保证消防用水供求。

(2) 根据库存物品的特性、失火特点、场地（仓库）范围的需要，配备数量充足、质量良好的消防设备和器材（按消防器材配置标准办）。

(3) 消防器材要本着集中与分散的原则安置在取送方便、明显的安全地点，实行定人管理、定点存放、定期检查和维修更新，消防器材不准挪作他用。

(4) 消火栓、灭火器材周围不得码放任何物品，保证使用时无障碍。

6. 消防安全检查

(1) 场地防火负责人每月及重大节假日前要组织各部门进行一次防火安全检查；各部门主管每周组织员工对所在的办公室、休息室进行一次自查；仓库货运员应在每天下班后对库房巡视。

(2) 各级安全检查要建立检查记录，发现的问题记录在案，分析原因、制定整改方案和日期，没有条件解决的问题，除及时上报大区外，应采取临时防范措施，不使问题扩大或留患成灾。

(3) 检查中发现外部车辆将易燃易爆危险物品带入场地仓库区的，应立即令其离开。

(4) 场地站台库房内混存易燃易爆危险物品，应立即挑拣出来，向主管、质控员汇报。

(5) 未经批准在场地仓库区域进行明火作业的，应立即停止作业并将现场清理干净。

（6）站台库内消防安全通道被拥堵的，应立即疏散并将障碍物清除干净。

（7）消火栓、灭火器材被遮挡或挪移的，应立即清除恢复原状。

（8）消防设施管理、值班人员和防火巡查人员（如设专职防火员或保安员）脱岗的，应当场纠正并严肃处理。

五、灭火器的使用

根据国家标准 GB/T 4968—2008《火灾分类》的规定，将火灾分为 A、B、C、D、E、F 四类。A 类指固体物质火灾；B 类指液体或可融化固体物质火灾；C 类指气体火灾；D 类指金属火灾；E 类指物体带电燃烧的火灾；F 类指烹饪器具内的烹饪物（如动植物油脂）火灾。

灭火器的种类较多，常用的主要有泡沫灭火器、干粉灭火器、二氧化碳灭火器和卤代烷灭火器。

快件处理作业现场通常配备手提式或推车式的泡沫、干粉灭火器。

1. 泡沫灭火器和干粉灭火器的使用

（1）干粉灭火器适用火灾及使用方法。碳酸氢钠干粉灭火器适用于易燃、可燃液体、气体及带电设备的初起火灾；磷酸氨盐干粉灭火器除可用于上述几类火灾外，还可扑救固体类物质的初起火灾，但它们都不能扑救金属燃烧火灾。

灭火时，可手提或肩扛灭火器快速奔赴火场，在距离燃烧处 5 m 左右，打开灭火器。如在室外，应选择在上风向灭火。扑救可燃、易燃液体火灾时，应注意对准火焰根部扫射。如果扑救的是液体火灾并且呈流淌燃烧时，应对准火焰根部由近而远左右扫射，直至把火焰全部扑灭。使用外挂储压式干粉灭火器，操作员应一手紧握喷枪（喷管），另一手提起储气瓶上的开启提环。如果储气瓶的开启是手轮式，则向逆时针方向旋开，并旋到最高位置，随即提起灭火器。当干粉喷出后，迅速对准火焰根部扫射。

使用磷酸氨盐干粉灭火器扑救固体可燃物火灾时，应对准燃烧最猛烈处上下左右扫射。为了使干粉灭火剂均匀地喷在燃烧物的表面，在条件许可的情况下，使用者可提着灭火器沿着燃烧物的四周边走边喷，直至将火焰全部扑灭。

（2）手提式泡沫灭火器适用火灾及使用方法。手提式泡沫灭火器适用于扑救一般 B 类火灾，如油制品、油脂等火灾，也可适用于 A 类火灾，但不能扑救 B 类火灾中的水溶性可燃、易燃液体的火灾，如醇、酯、醚、酮等物质的火灾，也不能扑救 C 类、D 类、E 类火灾。

手提式泡沫灭火器使用方法如下：

第一步：右手握着压把，左手托着灭火器底部，轻轻地取下灭火器。

第二步：用手抓住筒体上部的提环，快速奔赴火场。在奔跑中不得使灭火器过分倾斜，更不可横拿或颠倒，以免两种药剂混合而提前喷出。

第三步：到达着火点后右手捂住喷嘴，左手执筒底边缘，将筒体颠倒呈垂直状态，用劲上下晃动几下。

第四步：右手抓筒耳，左手抓筒底边缘，把喷嘴朝向燃烧区，站在离火源 8m 的地方喷射，并不断前进，围绕着火焰喷射，直至把火扑灭。在扑救液体火灾时，注意不要直接对准液面喷射，以免由于射流的冲击，反而将燃烧的液体冲散或冲出容器，扩大燃烧范围。在扑救固体物质火灾时，应将射流对准燃烧最猛烈处。

第五步：灭火后，把灭火器卧放在地上，喷嘴朝下。

2. 灭火器的保存

（1）干粉灭火器存放时应注意不能靠近热源或日晒，注意防潮，定期对驱动气体进行检查。

（2）泡沫灭火器应存放在干燥、阴凉、通风并取用方便的地方，不可靠近高温或可能受到暴晒的地方，以防止碳酸分解而失效；冬季还要采取相应的防冻措施。

（3）二氧化碳灭火器存放时严禁靠近热源，用称重量法定期检查灭火剂是否泄露，或定期查看压力表，确定压力在有效范围。

六、条形码识别技术

快递是劳动密集度的行业，国内民营快递业起步时几乎全部靠人工完成。随着外资快递公司进入国内市场及货量的增长，人工操作已不能满足业务需求、安全需求。因此，条形码识别技术逐渐在快递企业中普及。

常见快件条形码签条具有上下两行，上行为机读的条形码，下行为汉字和阿拉伯数字标注邮件类别、编号、收寄局地名、邮政编码等。扫描条形码的目的是进行信息录入。

1. 条形码扫描设备的发展

扫描设备在快递业的发展可分为三个阶段。

第一阶段使用的是卡座式扫描枪（有线），功能主要是将条形码扫描至计算机系统，通过计算机上传数据。目前主要用于集散中心和站点。

第二阶段是无线扫描设备，主要功能是扫描条形码、上传数据，主要用于递送员和站点。

第三阶段是PDA，除扫描和上传数据等简单功能外，还可以采集电子签名、编码查询等，以及连接公司的操作业务系统，如连接调度系统以接受取件指令，或连接查询系统进行快件查询等，主要供递送员使用。

在扫描器应用方面，外资快递企业较为领先，一般都使用无线的扫描设备。目前，从事国内快递的联邦快递已经普及无线扫描设备，EMS、顺丰速运和宅急送等公司的递送员也使用了该设备。其他快递公司还在使用有线和无线扫描枪，并仅限于在公司内部使用，递送人员很少配备，快件的数据采集是由递送人员取件回公司后由专门人员完成上传。

2. 常用的快件条形码识读设备

在总包拆解过程中，涉及扫描包牌条形码信息和扫描快件条形码，以进行相关信息的核对。以下介绍几种常见条形码识读设备。

常用的快件条形码识读设备有手持式枪型条形码阅读器、激光自动扫描器、便携式条形码阅读器、卡式条形码阅读器等。

（1）手持式枪型条形码阅读器（见图4—6）。枪内一般都装有控制扫描光束的自动扫描装置。阅读条形码时不需与条形码符号接触，因此，对条形码标签没有损伤。扫描头与条形码标签的距离短的在 0～20 mm 范围内，长的可达到 500 mm 左右。枪型条形码阅读器具有扫描光点匀速的优点，因此，阅读效果比光笔扫描枪要好。扫描速度快，每秒可对同一标签的内容扫描几十次至上百次。

（2）激光自动扫描器（见图 4—7）。激光自动扫描器的最大优点是扫描光照强，可以远距离扫描且扫描景深长。激光扫描器的扫描速度高，有的产品扫描速度可以达到 1 200 次/s，这种扫描器可以在百分之一秒时间内对某一条形码标签扫描阅读多次，而且可以做到每一次扫描不重复上次扫描的轨迹。扫描器内部光学系统可以将单束光转变成十字光或米字光，从而保证被测条形码从各个不同角度进入扫描范围时都可以被识读。

图 4—6　手持式枪型条形码阅读器

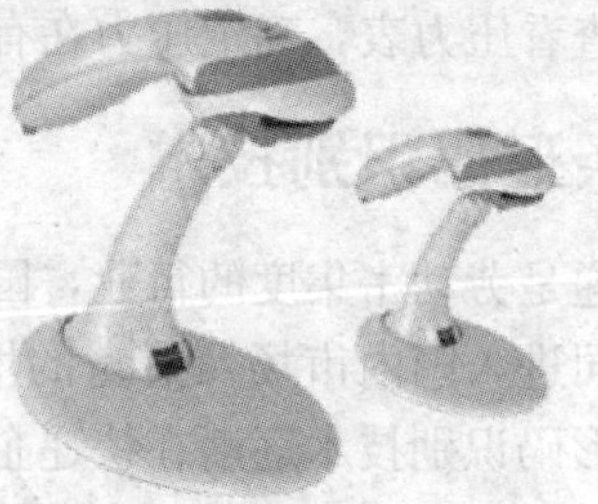

图 4—7　激光自动扫描器

（3）便携式条形码阅读器（见图 4—8）。便携式条形码阅读器一般配接光笔式或轻便的枪型条形码扫描器，有的也配接激光扫描器。便携式条形码阅读器本身就是一台专用计算机，有的甚至就是一台通用微型计算机。这种阅读器具有对条形码信号的译解能力。条形码译解后，可直接存入机器内存或机内磁带存储器的磁带中。阅读器具有与计算机主机通信的能力。通常，它本身带有显示屏、键盘、条形码识别结果声响指示及用户编程功能。使用时，这种阅读器可以与计算机主机分别安装在两个地点，通过线路连成网络，也可以脱机使用，利用电池供电。这种设备特别适用于流动性数据采集环境。收集到的数据可以定时送到主机内存储。有些场合，标有条形码信息或代号的载体体积大，比较笨重，不适合搬运到同一数据采集中心处理，这种情况下，使用便携式条形码阅读处理器十分方便。

（4）卡式条形码阅读器（见图 4—9）。卡式条形码阅读器可以用于医院病案管理、身份验证、考勤和生产管理等领域。这种条形码阅读器内部的机械结构能保证标有条形

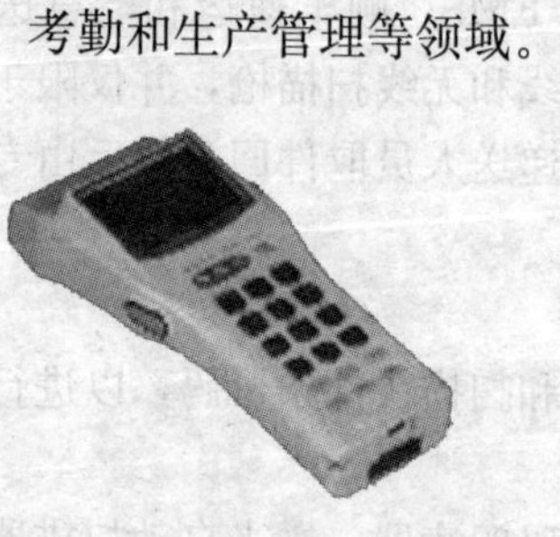

图 4—8　便携式条形码阅读器

图 4—9　卡式条形码阅读器

代码的卡式证件或文件在插入滑槽后自动沿轨道做直线运动，在卡片前进过程中，扫描光点将条形码信息读入。卡式条形码阅读器一般都具有与计算机传送数据的能力，同时具有声光提示以证明识别正确与否。

3. 条形码识读设备操作步骤

条形码识读设备的原理是通过光照射快件运单条形码，经过光电波和电信号等转换成数字信号，从而在计算机中形成快件条形码信息和相关信息。条形码识读设备操作主要步骤如下：

（1）按电源键开启，检查条形码识读设备运行状态是否正常，电量是否正常、充足。

（2）登录信息处理操作界面后，选择相应的操作模块，输入操作员工号、密码。

（3）逐件扫描快件条形码，扫描时条形码设备发出的激光束应与条形码垂直，以便条形码完全被激光束覆盖。

（4）若扫描无效，可以尝试变化扫描距离。对于扫描失败或污损无法扫描的条形码，手工键入条形码信息。

4. 条形码识读设备拆解总包的基本操作界面

各快递企业的业务操作不同，导致了相应的操作程序也不同。现以某快递企业“开拆比对”为例，对操作程序和操作界面做简单介绍。

按条形码识读设备的电源键开机后，首先检查屏幕下方显示的电量是否充足，进入操作主界面后，选择拆解总包操作功能（模块）界面，输入操作员工号和密码。在拆包等扫描时，根据总包的来源选择拆直达总包或拆中转总包。例如，选择“拆直达总包”后，先扫描总包包牌或包签的条形码，然后进入扫描快件操作界面，将条形码识读设备阅读端口横向对准快件条形码，在距条形码 5～15 cm 扫描：如果扫描成功，设备“蜂鸣器”就会发出确认操作提示声音，可按“CLR”键返回上级菜单继续扫描下一个快件；如果扫描不成功，设备会发出另一种提示声音，这时就要重新扫描甚至需要手工键入。

如果扫描错误，需要进入删除界面删除信息，对准原扫描的错误条形码重新扫描，执行删除操作；扫描操作结束后，数据上传操作系统进行比对。

5. 条形码识别技术的局限性

条形码识别技术应用非常广泛，大大提高了物流效率。但是条形码在使用中仍存在局限性，具体有以下几点：

（1）信息标识是静态的。

（2）信息识别是接触式的。

（3）信息容量是有限的。

（4）不能给每个消费单元唯一的身份。

（5）集中的数据存储、计算。

（6）二维条形码只解决了信息标识容量问题。

（7）识别信息相对烦琐。

七、RFID 标识技术及其优越性

射频识别技术（Radio Frequency Identification，RFID）是目前国际上发展很快的一项新技术，是一种通过向射频兼容的集成电路发射电磁波实现数据存储和恢复的一种手段。尽管目前出现了不同应用的各种器件及系统，如电子车牌、物流标签等，但它们的原理是一样的，即通过无线电技术手段实现人们对各类物体或设备（人员、物品）在不同状态（移动、静止或恶劣环境）下的自动识别和管理。

在运单识别方面，目前普遍采用条形码技术，RFID 技术尚未普遍应用。随着成本的降低，RFID 技术将得到广泛应用。2008 年 2 月，北京邮政速递局航空邮件交换站启动了 RFID 生产实测工程，目的是实现京、沪、穗三地国内速递本局进出口总包邮件 RFID 袋牌的自动识读、点数和交接，同时实现 RFID 总包数据在两个子系统中的“机内勾核”。DHL 也计划于 2015 年前在包裹上贴 RFID 标签。

RFID 在本质上是物品标识的一种手段，它被认为将会最终取代现今应用非常广泛的传统条形码，成为物品标识的最有效方式，它具有一些非常明显的优点。与条形码的功能对比，RFID 在标签信息容量大小、一次读取数量、读取距离远近、读写能力更新（标签信息可反复读写）、读取方便性（读取速度与可否高速移动读取）、适应性（全方位穿透性读取、在恶劣环境下仍可读取，全天候工作）等方面都大大优于条形码。RFID 技术拥有良好的功能特性，能满足当前社会经济发展对商品处理的高效性需求。射频识别技术作为快速、实时、准确采集与处理信息的高新技术和信息标准化的基础，通过对实体对象（包括零售商品、物流单元、集装箱、货运包装、生产零部件等）的唯一有效标识，被广泛应用于生产、零售、物流、交通等各个行业。RFID 技术已逐渐成为企业提高物流供应链管理水平，降低成本，实现企业管理信息化，增强企业核心竞争能力不可缺少的技术工具和手段。

射频识别系统利用射频标签承载信息，射频标签和识读器间通过感应、无线电波或微波能量进行非接触双向通信，达到自动识别的目的。

射频识别技术最突出的特点是：

（1）读写迅速。条形码一次只能有一个条形码受到扫描。RFID 识别器可同时辨识读取数个 RFID 标签。

（2）读写距离远。在被覆盖的情况下，RFID 能够穿透纸张、木材和塑料等非金属或非透明的材质，并能够进行穿透性通信。而条形码扫描机必须在近距离而且没有物体阻挡的情况下，才可以辨读条形码。

（3）可重复使用。现在的条形码在印刷上去以后就无法更改，RFID 标签则可以重复地新增、修改、删除。

（4）芯片本身可以存储信息。一维条形码的容量是 50 字节，二维条形码最大的容量可储存 2 000～3 000 字符，RFID 最大的容量则有数兆。随着记忆载体的发展，数据容量也有不断扩大的趋势。未来物品所需携带的资料量会越来越大，对卷标所能扩充容量的需求也相应增加。

（5）传统条形码的载体是纸张，容易受到污染；RFID 对水、油和化学药品等物质具有很强抵抗性。此外，由于条形码是附于塑料袋或外包装纸箱上，所以特别容易受到折损；RFID卷标是将数据存在芯片中，可以免受污损。

【案例4—1】总包信息无法识读

据某局邮件处理部门工作人员反映，由于部分网点封发过来的总包包牌规格不符，在邮件处理过程中电子扫描枪无法识读出相关总包条形码标签的信息。为保证出口总包实物与信息相符，每天不得不进行不少补救工作，既延误了时间，又浪费了人力。

据了解，问题主要发生在以下几方面：

一是总包条形码标签贴错袋牌，张冠李戴；

二是使用印刷字迹的透明胶带纸粘贴在带有总包条形码标签的袋牌上，妨碍了电子扫描枪的识读；

三是条形码标签未粘贴牢固，致使在运递过程中脱落。

为避免发生上述情况，在出口总包的封发过程中应注意做好几个方面的工作：

第一，及时发送总包信息，消灭无总包信息的问题。

第二，须将在支局电子化系统中打印生成的总包条形码标签按一袋一单粘贴到相应的总包包牌指定位置上，避免产生错贴条形码标签的问题。

第三，牢固粘贴总包条形码标签，撕去条形码标签背面一层纸，将背胶部分牢固贴在总包包牌上。如发现背胶质量有问题，可使用订书钉在条形码标签空白处予以加固，避免条形码标签脱落。

第四，提醒习惯使用透明胶带固定条形码标签的员工注意：支局所使用的透明胶带纸往往带有"中国邮政"及局所名称等，将这种带有字迹的胶带粘贴在总包条形码标签上，必将影响下一环节电子扫描枪对其信息的识读。所以，最好不要使用此类胶带纸，如果使用也要避开条形码区。

【案例4—2】DHL的总包接收过程：

(1) DHL快递出口操作流程（见图4—10）

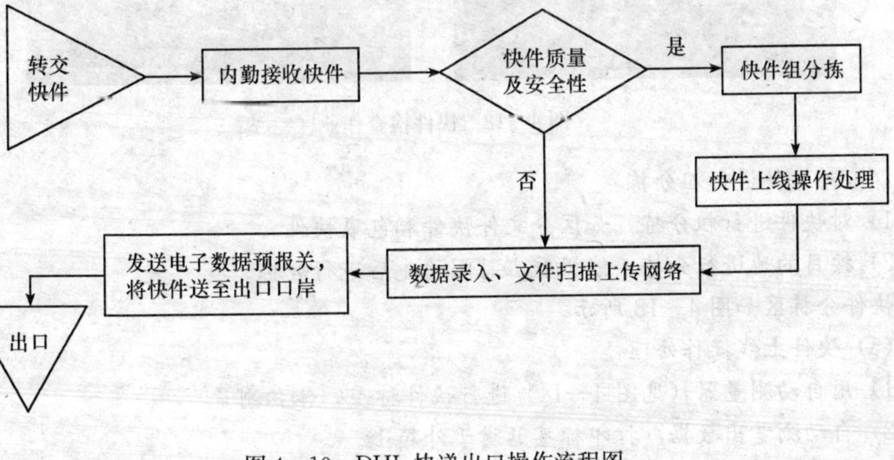

图4—10　DHL快递出口操作流程图

(2) 收取快件（见图4—11）。各派送员将已取的快件在截件时间前送回公司交内勤接收，并在卸载快件前传输扫描枪中的数据。

图 4—11　快件收取

(3) 快件质量及安全性检查

1) 按照 DHL 标准对所有快件进行外观检查。

2) 根据网络/本地安全条款对快件进行安全检查。

3) 检查快件运单填写的完整性和准确性。

4) 检查快件出口报关相关资料的正确性。

快件检查作业区如图 4—12 所示。

图 4—12　快件检查作业区

(4) 对快件进行粗分拣

1) 对快件进行粗分拣，如区分文件快件和包裹快件。

2) 按目的地进行分拣，依据航班时间的先后进行分拣。

快件分拣区如图 4—13 所示。

(5) 快件上线操作处理

1) 用自动测量器（见图 4—14）进行快件称重，体积测量。

2) 自动测量出数据，打印标签贴附于外箱上。

3) 重货利用电子磅称重，人工测量体积。

(6) 扫描快件的文件上传网络，并进行相关数据录入

图 4—13　快件分拣区

图 4—14　自动测量器

1）在线进行运单及相关单证的扫描，并上传网络。

2）将准确的数据录入相应的界面。

第5单元

快件分拣

快件分拣工作是快件处理过程中的重要环节，快件处理人员只有掌握了相关的地理知识、邮政编码，信息录入方法等才能避免错分提高工作效率，保证快件按预计的时限、合理的路线及有效的运输方式送达客户。

第一节 常规件分拣

培训目标
- 能进行分拣作业
- 能掌握信息录入方法

快件分拣主要是指分拣人员按照快件封面所贴详单地址，将相关快件按类进行归置的过程。一般是将快件投放到规定的格口内或段道，如图 5—1 所示。

图 5—1 快件分拣

一、快件分拣作业

1. 快件分拣作业流程

为保证邮件及时准确地传递，在速递出口分拣封发环节，相关工作人员必须严格按照以下流程作业：

（1）总包接收。分拣部门接收趟车和转运部门交来的邮件，点验总包数目、规格，与交方办理邮件及路单交接手续。速递系统与营业系统和中心局系统已实现互联互通的，同时接收网上路单信息。转运作业与分拣作业为流水线方式的，总包邮件由转运部门接收后，分拣部门直接进行开拆作业，不再进行点验接收处理。

（2）总包勾核。分拣部门接收转运部门交来的总包，点数正确则无需勾核，分拣部门直接接卸趟车和快班汽车邮件的，应利用中心局生产作业系统进行总包扫描勾核。

（3）总包开拆

1）开拆总包。开拆特快专递总包，点验内件数目、规格，扫描袋牌条形码，下载网上清单信息。

2）内件勾核。逐件扫描散件条形码，与网上清单信息进行勾核。如果无网上清单，则逐件扫描补录开拆清单。

3）整理快件。开拆人员应根据机器分拣和人工分拣作业的要求整理快件。

（4）分拣质量检查。质检员随机抽查人工或机器的分拣质量。分拣作业完毕后，应对现场进行检查。现场检查工作应该由当天作业的负责人进行，检查应按顺序和步骤进行，以及时避免快件漏分拣或者各种作业工具遗失的情况发生。

（5）发验处理。对总包接收、开拆或内件勾核、分拣过程中发现的各类不符情况要进行发验处理。

2. 快递分拣操作要求

快件的分拣操作应严格按照快件的直封和中转关系，依据地址、邮政编码等信息，依照操作规程进行。

（1）场地要求。快件的分拣封发工作是快件整个传递过程中重要的一环。快件的分拣、封发必须是由专门的生产组织在专门的场地设置专门的台席处理。

（2）时限要求。快件的分拣、封发必须严格执行传递处理频次时限的规定。国内特快专递邮件局际间应一律直封，不得通过其他局散转。作业计划要以最大限度缩短快件在局内处理时间为原则，按规定的航班或车次赶发快件，不得任意提前封发。

（3）保密要求。分拣、封发作业要执行通信保密的有关规定，严密邮件管理，实行封闭式作业。快件总包开拆，须由两人会同开拆、处理和封装。

（4）安全要求。在快件分拣过程中，分拣人员必须严格按照安全生产操作规定进行操作，注意操作中的设备安全及人身安全。

二、快件分拣方式

1. 快件分拣的直封和中转

为了科学合理地进行分拣，各快递企业会依据快件流量、流向的变化以及运输和网络结构等因素，在一定时间内确定快件是直封还是中转。

（1）直封。直封是指快件分拣中心按快件的寄达地点把快件封发给到达城市分拣中心的一种分拣方式。这种分拣方式一次就可分拣、封发完毕，直接进行快件的派送处理。

（2）中转。中转是指快件分拣中心把寄达地点的快件，封发给相关的中途分拣中心，经再次分拣处理后，封发给寄达城市分拣中心的一种分拣方式。这种分拣方式可使快件处理量相对集中，便于合理组织处理快件和采用机械设备分拣。

2. 手工分拣和机械分拣

为缩短内部处理时限、提高作业效率和便于组织管理，国内快件根据不同的处理场地、设备条件等，可分别采用手工分拣和机械分拣两种分拣方式进行分拣。

（1）手工分拣。手工分拣一般在所需分拣快件量较少不需上机分拣的情况下或没有配备分拣机的分拣中心采用该方式可以完成快件的初分和细分。

(2) 机械分拣。机械分拣可分为半自动机械分拣和全自动机械分拣。

1) 半自动机械分拣是人机结合的一种分拣方式，一般是通过传输装置将待分拣快件传输到接件点，再由操作人员将分拣到位的快件取下。这种方式能连续不断地作业，可减轻操作人员劳动强度，提高分拣效率。

2) 全自动分拣机分拣。指由分拣机根据对分拣信号的判别来完成快件分拣的一种方式，能实现连续、大量的分拣，可以做到信息采集准确，分拣误差较小，基本实现无人化，大幅提高了劳动效率，如图 5—2 所示。

图 5—2 全自动分拣机

三、常用分拣设备

1. 分拣格口

分拣格口是分拣的基本单元，如图 5—3 所示。

(1) 分拣格口的设置。分拣格口的设置是否合理影响着分拣工作的效率，需要注意以下几点：

1) 分拣格口的设置要求

①分拣段落要清楚，便于记忆，便于分拣。

②每个段落业务量和直封格口多少要均衡。

③对快件量大的城市局，初拣段设立专格，以后不再分拣。

2) 分拣格口设置方法

①按照运邮线路划分。特点是路线固定，便于记忆。

②按照邮运车次划分。特点是可以减少漏发。

③按照行政区域划分。特点是简单明确，初拣容易。

④按照邮政编码划分。特点是简洁直观。

(2) 应用分拣格口进行分拣作业

1) 分拣时站位距分拣格口一般为 60～70 cm，一次取件 20 件左右。

图 5—3　分拣格口

2）右手投格时，左手托住快件右上角，左臂托住左下角，或左手托住左下角，拇指捻件，右手投入并用中指轻弹入格。

3）分拣后，运单的一面向上并且方向一致。

4）分拣出其他分拣区域的快件时，应及时互相交换。

2. 分拣架、筐

快件按形状可分为信件型快件和包裹型快件。手工分拣信件型快件大多采用框架结构、每组规格统一、均匀分布的分拣架。材质可为木质、玻璃或不锈钢等。包裹型快件的分拣大多采用固定的金属笼、塑料筐等。如图 5—4 和图 5—5 所示。

图 5—4　塑料分拣筐

图 5—5　金属分拣笼

3. 自动分拣系统

自动分拣系统一般由控制装置、分类装置、输送装置及分拣道口四部分组成。

（1）控制装置。其作用是识别、接收和处理分拣信号，根据分拣信号的要求，指示分类装置按快件品种、送达地点或按货主的类别对快件进行自动分类。这些分拣类别可以通过不同方式，如可通过条形码扫描、色码扫描、键盘输入、重量检测、语音识别、高度检测及形状识别等方式，输入分拣控制系统中，根据对这些分拣信号的判断，来决定某一种快件该进入哪一个分拣道口。

（2）分类装置。其作用是根据控制装置发出的分拣指示，当具有相同分拣信号的快件经过该装置时，该装置动作，使快件改变在输送装置上的运行方向，进入其他输送机或进入分拣道口。

（3）输送装置。其主要组成部分是传送带或输送机，其主要作用是使待分拣的快件鱼贯地通过控制装置、分类装置，并输送装置的两侧，一般要连接若干分拣道口，使分好类的快件滑下主输送机（或主传送带），以便进行后续作业。

（4）分拣道口。是已分拣快件脱离主输送机（或主传送带）进入集货区域的通道，一般由钢带、皮带、滚筒等组成滑道，使快件从主输送装置滑向集货站台，在那里由工作人员将该道口的所有快件集中后，或是入库储存，或是组配装车并进行配送作业。

以上四部分装置通过计算机网络联结在一起，配合人工控制及相应的人工处理环节，构成一个完整的自动分拣系统。

四、信息录入

快件信息的录入是指对快件所涉及的相关内容进行登记，实际上是对快件运单相关内容的再描述。在快件生产作业中，可实现快件信息联网共享，并以电子清单形式实现信息记录传递。采用这种作业方式，对漏登信息的快件，需进行快件信息录入。第 2 单元中已对信息录入的内容和要求进行了详细介绍，此处不再赘述。

1. 信息录入模式

（1）手工录入模式。通过键盘手工录入快件信息。

（2）手工扫描模式。使用手持式扫描枪扫描条形码从数据库中检索对应的详细开拆信息，将快件的详细信息存入数据库中作为制单信息。根据分拣方案，给出该快件应入的格口号，并转换成分拣机的格口号，发给分拣机控制系统。

（3）全自动录入模式。人工供件台在 OBR 分拣模式（光学条形码识别模式）下，分拣人员不需要采集信息，只需将快件贴有条形码的一面朝上摆放。自动供件台只有自动分拣方式，人工将快件顺面码放，自动台通过负压分离将快件逐件分出，信息自动录入系统中。

2. 信息补录

有些快递企业虽是扫描录入信息，但快件信息并没有实现联网共享，只是解决了人工抄登和人工比对。采用这种作业方式，快件处理业务员需对漏登信息的快件进行补录。补录内容一般有运单号码、收寄地、寄达地等。另一种需要补录的情况是快递条形码被污染、损坏，而无法扫描对比，这时快件处理业务员要补录快件运单的号码并进行比对。

五、直辖市、省会（首府）城市空港代码、电话号码和邮政编码（见表 5—1）

表 5—1　直辖市、省会（首府）城市空港代码、电话号码和邮政编码

省份（直辖市）/自治区	省会/首府	航空代码	电话号码	邮政编码
华北地区				
北京（京）	—	PEK	010	100000
天津（津）	—	TSN	022	300000
河北（冀）	石家庄	SJW	0311	050000
山西（晋）	太原	TYN	0351	030000
内蒙古（蒙）	呼和浩特	HET	0471	010000
东北地区				
辽宁（辽）	沈阳	SHE	024	110000
吉林（吉）	长春	CGQ	0431	130000
黑龙江（黑）	哈尔滨	HRB	0451	150000
华东地区				
上海（沪）	—	PVG/SHA	021	200000
江苏（苏）	南京	NKG	025	210000
浙江（浙）	杭州	HGH	0571	310000
安徽（皖）	合肥	HFE	0551	230000
福建（闽）	福州	FOC	0591	350000
江西（赣）	南昌	KHN	0791	330000
山东（鲁）	济南	TNA	0531	250000

续表

省份（直辖市）/自治区	省会/首府	航空代码	电话号码	邮政编码
西北地区				
陕西（陕）	西安	SIA/XIY	029	710000
甘肃（甘）	兰州	LHW	0931	730000
青海（青）	西宁	XNN	0971	810000
宁夏（宁）	银川	INC	0951	750000
新疆（新）	乌鲁木齐	URC	0991	830000
华南地区				
广东（粤）	广州	CAN	020	510000
广西（桂）	南宁	NNG	0771	530000
海南（琼）	海口	HAK	0898	570100
西南地区				
重庆（渝）	—	CKG	023	400000
四川（川）	成都	CTU	028	610000
贵州（贵）	贵阳	KWE	0851	550000
云南（云）	昆明	KMG	0871	650000
西藏（藏）	拉萨	LXA	0891	850000
华中地区				
河南（豫）	郑州	CGO	0371	450000
湖北（鄂）	武汉	WUH	027	430000
湖南（湘）	长沙	CSX	0731	410000

六、常见国家及我国港澳台地区英文名称（见表 5—2）

表 5—2　　常见国家及我国港澳台地区英文名称

中文	英文	中文	英文
亚洲		欧洲	
中国	China	意大利	Italy
日本	Japan	瑞典	Sweden
韩国	South Korea	瑞士	Switzerland
泰国	Thailand	挪威	Norway
印度尼西亚	Indonesia	芬兰	Finland
越南	Vietnam	丹麦	Denmark
马来西亚	Malaysia	德国	Germany
巴基斯坦	Pakistan	法国	France
菲律宾	Philippines	英国	United Kingdom
新加坡	Singapore	西班牙	Spain

续表

中文	英文	中文	英文
亚洲		欧洲	
印度	India	俄罗斯	Russia
中国香港	Hong Kong	奥地利	Austria
中国澳门	Macau	希腊	Greece
中国台湾	Taiwan	波兰	Poland
美洲		大洋洲	
美国	United States	澳大利亚	Australia
加拿大	Canada	新西兰	New Zealand
墨西哥	Mexico	非洲	
巴西	Brazil	埃及	Egypt
阿根廷	Argentina	南非	South Africa
智利	Chile	苏丹	Sudan
秘鲁	Peru	尼日利亚	Nigeria

第二节 问题件处理

培训目标

- 能识别及处理禁限寄物品
- 能识别不合包装要求的快件
- 能识别不合重量和规格要求的快件
- 能识别收件人地址有误的快件

一、禁限寄物品处理

（1）发现各类武器、弹药等物品，应立即通知公安部门处理，疏散人员，维护现场。同时通报国家安全机关。

（2）发现各类放射性物品、生化制品、麻醉药物、传染性物品和烈性毒药，应立即通知防化及公安部门，按照应急预案处理。同时通报国家安全机关。

（3）发现各类易燃易爆等危险物品，收寄环节发现的，不予收寄；经转环节发现的，应停止转发；投递环节发现的，不予投递。对危险品要隔离存放。对易发生危害的危险品，应通知公安部门，同时通报国家安全机关，采取措施进行销毁。需要消除污染的，应报请卫生防疫部门处理。其他危险品，可通知寄件人限期领回。对内件中其他非危险品，应当整理重封，随附证明发寄或通知收件人到投递环节领取。

（4）发现各种危害国家安全和社会政治稳定以及淫秽的出版物、宣传品、印刷品，应及时通知公安、国家安全和新闻出版部门处理。

（5）发现妨害公共卫生的物品和容易腐烂的物品，应视情况通知寄件人限期领回，无法通知寄件人领回的可就地销毁。

（6）对包装不妥、可能危害人身安全、污染或损毁其他寄递物品和设备的，收寄环节发现后，应通知寄件人限期领回。经转或投递中发现的，应根据具体情况妥善处理。

（7）发现禁止进出境的物品，应移交海关处理。

除上述情况外，发现其他禁限寄物品应通知相关政府监管部门处理。

二、收件人地址有误的快件及其处理方法

1. 收件人地址有误的情况

（1）运单脱落，无法知道收件人地址。

（2）外包装有两个地址，无法判断适用哪个地址。

（3）地址错误或邮编、电话区号等错误。

（4）填写的街路不清或只写街路而无门牌号。

（5）寄达地址用同音字代替或使用相似字。

（6）运单目的地栏填写与收件人地址不符。

2. 收件人地址有误的处理方法

前面所列的六种情况，处理方法不太一致。

（1）若运单脱落，可以联系收寄局，补充运单信息，重新制作运单后，正常分拣派送。

（2）在有两个地址或地址、电话填写错误或者模糊不清等情况下，需要与发件人联系确定地址，请发件人发一份确认地址的传真，修改运单地址后，正常分拣派送。

若上述方法都无法联系到收件人，应在详情单上粘贴“改退批条”，批明无法投递原因，加盖经手人员和主管人员名章，仍用特快方式退回原寄局。快件退回原寄局后，由原寄局填发“领取快件通知单”，按规定在营业窗口投交寄件人，免收退回费。无法投递的快件退回原寄局后，如无法退给寄件人，保管期满一个月寄件人仍不领取的按无着快件处理。无着快件一律由指定的无着快件处理部门集中开拆处理，其他各局不得自行处理。

第6单元

快件封发

分拣、封发工作是快件传递过程中的重要环节。将寄往同一地点或同一方向及其经转范围的快件经过分拣处理后集中在一起，按一定要求封成快件总包，并发交给快件运输环节的作业，即封装和发运，简称为快件封发。总包内的散件传递给目的地分拣中心处理是不见面的“信誉交接”，且总包要经过多种运输方式才能运送到目的地分拣中心，因此，封发作业必须严格操作，所用的封装空袋、封志、包牌等用品应符合规定，并达到封发的规格标准。

第一节 登单封装

培训目标
- 掌握登单知识
- 能封装快件总包

登单封装是指将分拣处理好的快件，按照一定要求逐个整理、登单、捆扎、封装成袋、制作快件路单的过程。登单封装是贯通上下环节的中间环节，是全程质量好坏的关键，决定着每一件快件是否都能按最合理的路线和方式传递出去。因此，登单、封装工作的质量，对整个快件传递质量起着决定性的作用。

一、快件登单封装作业流程

下面以 EMS 为例介绍快件登单封装作业的基本流程。

1. 登录封发清单

（1）手工分拣方式。逐口逐袋登录封发清单；将待封发快件人工键入或扫描寄达地名信息后登列封发清单。在实现计算机自动登单情况下，用条形码扫描器扫描待封发邮件条形码，由机器自动登单。

（2）机器分拣方式。清格装袋时，逐格口扫描邮件条形码，复核下袋；由于在机器分拣时已记录了快件信息（快件收寄地、快件种类、快件号码和寄达地），在设备性能及快件规格标准能保证的情况下，可直接按键打印出封发清单。

遇有条形码丢失及损坏的快件，应用便携式录入器上的数字键，键入快件收寄局名、流水号、寄达局名和快件种类。

登单完毕应将清单与快件勾挑核对，防止错登、漏登、重登或结数错误。每一清单正页应同所登快件捆在一起。快件摆放次序必须与抄登顺序一致。

2. 包裹入袋

文件类快件封发时，核对快件数与封发清单上的件数是否相符，将封发清单装入清单套随快件放入邮袋或信盒后即可封发。包裹类快件的分拣、封发实现机械化作业的，直接由分拣机分入邮袋（箱），包裹详情单也随包裹同步分入邮袋，计数器记录入袋包裹件数，封发时核对计数器记录的包裹件数与包裹封发清单上的件数是否相符，将包裹详情单（包单分离的）和封发清单装入清单套放入邮袋或集装箱后即可封发。封发快件时要做到三核对，即快件、清单和袋牌（包牌）的核对，并三者完全相符。

根据快件数量选择大小合适的邮袋，不得使用水湿、油污、有 2 cm 以上非机器缝补破洞、裂口的邮袋，也不得翻用邮袋。装袋时要实行快件、清单和袋牌（包牌）三核对。

3. 称重、扎捆包袋、拴挂袋牌（包牌）

单元 6

将封好的快件总包称重并打印条形码袋牌（包牌）。封扎邮袋时，为防止栓错袋牌，扎袋前再一次查看袋牌（包牌）上的地名与寄达地是否相符。要使用没有接头的棉质蜡绳按猪蹄扣捆扎法扎紧，捆绳应接近快件，使内件不易松动。

邮袋扎紧后，要在袋绳的绳扣上垂直拴挂相应快件袋牌（包牌）。袋牌（包牌）拴上后要穿上铅志，再将绳头交叉打结，将扎绳收紧后横执夹钳，使之与扎绳成垂直形，将钢模上的字全部清晰地轧印在铅志上。轧好后，在距离铅志约 1cm 处将多余的绳头剪去，并检查印志是否清晰。

袋牌（包牌）上打印条形码信息（与打印该袋清单同时）、清单号码和件数，铅封后归堆、交发。

4. 缮制路单（或传递封发信息）

在非信息自动处理情况下，按照所封快件接收地名，根据快件封发和发运计划缮制交运路单。路单缮制一式三份，两份交出，一份存档。实现计算机信息自动处理的快递企业，只将封发信息发给信息处理中心数据库，再传至总出口或转运部门，不再缮制路单。

5. 数据的统计与归档

根据封发业务数据进行个人、班组工作量等统计。按档案管理要求整理封发清单、路单，集中送交档案室（或通过信息系统传送相关封发数据），将各类生产数据按照生产管理部门的要求进行统计处理，并生成生产统计报表。

二、快件登单

封发时，需要登记快件封发清单，这个操作称为登单。封发清单是快件传递处理的记录，各环节根据记录的内容接收和处理快件。在快递企业中，登单有两种方式：一是手工在专用纸质清单上登记快件相关信息；二是人工或机器扫描录入条形码信息。目前，多数快件登单操作采用扫描录入条形码信息的方式。

1. 快件封发清单

快件封发清单是一种登列总包内快件的号码、寄达地、种类或快件内件类别等内容的特定单证，是快件作业内部查询的依据，也是接收方复核总包内快件的依据之一。快件封发清单的内容主要包括清单的号码、始发地、目的地、快件的号码、寄达地、种类及总数。

从载体形式上快件封发清单可分为纸质清单和电子信息清单两种，如图 6—1 和图 6—2 所示。

从内容上看，根据生产作业的实际需要，有普通快件清单、保价快件清单、代收货款清单等。

2. 手工登单操作要求

(1) 选择合适的清单，准确填写登单日期（或加盖专用封发地日期戳记）、清单号码、封发地、寄达地。

(2) 对清单号码编排是以数字顺序、日期、专用代码为编列序号时，不得重复或错编。应及时更换对号码使用有时间或号段限制的清单登记本。例如，某快递企业规定填

发日　　　　　　　　　　　　　　　　　　　　　　发日

第　　号第　　页
自　　局至　　局

号码	封发日期		封发时间	自　　至	总页数　页号
邮件编号	收寄局	备注	邮件编号	收寄局	备注
1			2		
3			4		
5			6		
7			8		
9			10		
11			12		
13			14		
15			16		
17			18		
19			20		
封发人员签章			接收人员签章		共计

图 6—1　纸质清单

发件扫描清单

扫描时间：09-10-20　07：00 至 09-10-21　17：59　下一站：河南郑州公司　扫描网点：山西太原公司排除子单号

扫描时间	操作日期	运单编号	下一站	班次	件数
2009-10-20 下午 09：03：50	2009-10-21	269582234027	河南郑州公司		
2009-10-20 下午 09：05：07	2009-10-21	269582155909	河南郑州公司		
2009-10-20 下午 09：05：11	2009-10-21	889010512271	河南郑州公司		
2009-10-20 下午 09：05：25	2009-10-21	589014736221	河南郑州公司		
2009-10-20 下午 09：05：28	2009-10-21	269582205623	河南郑州公司		
2009-10-20 下午 09：05：34	2009-10-21	269582207218	河南郑州公司		

图 6—2　电子信息清单

满 2 000 号后更新封发清单簿，那么，业务员在操作时就要注意，填满 2 000 号后就不能填 2 001 号，而是要从“1 号”重新开始填写。还有的快递企业规定每年元旦从“0”号开始编列清单簿的号码，那么，在元旦那天就要更换号码。

(3) 根据出发车站发车的先后顺序，完整、准确地逐件抄登快件号码、寄达地、快件类别、重量等内容。抄登快件使用规范的汉字、阿拉伯数字及专用代码。要求抄登快件的内容与清单的栏目一一对应。

(4) 对于退回、易碎、液体快件，要在备注栏或相关栏特别注明。

(5) 对于保价、代收货款、到付快件，应注明金额或使用专用清单。对一票多件的快件要集中抄登。

（6）抄登多页清单时，应在每一页上注明页数。清单的最末一页要登有快件的总件数。

（7）结束登单时，在指定位置使用正楷签名或加盖操作业务员名章。

（8）对需要建包、箱的快件，登单结束后制作总包包牌。包牌号码应和清单号码要求一致，其他填写内容则应根据作业要求填写。

3. 条形码设备扫描登单

扫描设备在快件处理环节已得到普遍应用。应用扫描设备进行封发清单的抄登，在快件满袋后，将快件封发生成对应的总包信息并生成和打印封发清单。其具体操作如下：

（1）使用条形码设备登单，首先启动操作系统，输入操作员的用户名和密码登录系统，在系统中选择与登单功能对应的操作模块。

（2）根据操作系统要求，输入邮编、电话区号、专用代码、拼音缩写等。

（3）对需要建总包的快件，除在系统自动生成并打印包牌或包签外，首先要扫描预制的总包条形码牌或包签进行建包，然后再扫描该包内的快件。

（4）逐一扫描快件，防止漏扫和误扫，对于误分或破损快件要挑出交主管处理。

（5）扫描条形码时，距快件条形码 5～30 cm，使激光束覆盖条形码。扫描时需注意设备的提示音响，当设备发出扫描失败提示音时，应重新扫描。重新扫描仍失败的要手工录入相关信息。当条形码被污染、受损无法扫描时，应手工键入条形码信息。

（6）应根据快件的性质、重量和体积进行分类扫描以便合理建立总包，保证快件安全、完好。

（7）集中扫描一票多件的快件。

（8）对于退回、易碎、液体、保价、代收货款、到付等快件，要在备注栏或相关栏分别注明或使用专用模块扫描登单。

（9）应及时在操作系统中执行数据删除命令将错扫快件信息删除。

（10）扫描结束后，在操作系统中打印快件封发清单和总包包牌或制作电子信息清单。如果快件实物与打印清单数字不符，应及时查找复核。对于那些有登单无快件的，应在操作系统中删除，重新打印清单；有快件无登单的，应重新扫描登单。

（11）如果总包包牌需要明确重量信息，应获取重量信息后再制作总包包牌。重量信息除能在操作系统中自动获取外，还可利用称重设备进行人工称量。

（12）登单结束，要确保作业场地周围无遗留未扫描的快件。

（13）操作人员退出扫描模块操作系统。

4. 分拣系统自动形成清单

分拣系统自动登单的原理是快件分拣系统的扫描装置对快件的体积、重量、条形码信息、件数自动检索，当某一逻辑格口达到设置的封发标准时，系统发出指令封锁格口，自动打印出封发清单。

在采用系统自动登单时，应该从以下几方面进行检查：

（1）检查设备操作系统是否升级、业务处理是否有调整。如有系统升级或调整的情况，应及时修改相关信息并调整操作。

（2）确保分拣格口各功能控制按钮处在正常状态。

（3）不间断地巡视自动分拣格口，检查是否有登单结束的快件。

（4）当格口自动封锁并打印出快件清单和总包包牌时，核对实物快件数量与清单数量，检查快件规格，清空格口及时解锁，以便后续快件能继续入格；当然也可人工干预封锁格口，打印清单和包牌。

（5）对发生错入格口的快件有两种情况：未形成清单信息的，要剔除该快件信息；已形成清单信息或已打印出清单的，要及时在操作系统中删除该快件信息，并重新打印新清单。应及时查找复核那些快件实物与打印清单数字不符的快件。确认有登单无快件的，在操作系统中删除无实物的快件信息，并重新打印清单；有快件无登单的，则要对该快件进行重新分拣。

（6）在分拣下滑格口过程中，如果快件出现外包装破损，要及时转交专人处理。

（7）如果快件未正常自动分拣扫描，改手工扫描登单操作。

（8）作业结束，检查场地周围是否遗留快件。

三、总包包牌

包牌也叫包签，指拴挂或粘贴在快件总包袋指定位置上的信息标志，用于区别快件的所属企业、运输方式及发运路向等。使用时，应根据快件的寄达地准确选择国内快件包牌和国际快件包牌。包牌在邮政系统中常称为袋牌。正确辨认和使用包牌，能够减少差错、加快快件传递速度。

1. 包牌种类

不同快递企业使用的包牌不同，在同一快递企业内部，有些需要特殊作业处理的快件与其他普通快件使用的包牌也有区别，但是包牌所包含的信息大多相同，主要包括：到站、发站、总件数、重量等。

2. 包牌的制作

包牌制作有两种方式：一种是在操作系统中实时生成；另外一种是手工书写。

（1）操作系统实时生成。操作系统在接收到打印包牌的指令后，直接打印出所需条形码总包包牌。它的条形码包含总包包牌的号码、发出地、寄达地、件数或票数、重量、时间等相关信息。

（2）手工书写。预制的总包包牌是批量印制或打印而成的，但有些预制的总包包牌包含的信息只是唯一码，其他如发出地、寄达地、件数或票数、时间等信息需要手工填写。其要求有：

1）使用规范汉字和阿拉伯数字及代码准确、完整填写包牌各栏内容，不得涂改或划销。

2）使用笔头直径在 3 mm 以上的油性唛头笔填写。

3）设有发寄和留存联的，两联填写内容要一致。

四、总包封装

将多个发往同一寄达地的快件集中规范地放置在包袋或容器中，并将包袋或容器口封扎的过程称为总包封装。包袋也称总包空袋，是用于盛装快件的袋子或容器，袋子由棉质、尼龙、塑料等不同材质制成，容器有集装箱、金属笼等。

1. 包袋（容器）使用的要求

应根据快件的数量、种类、体积大小、重量、所寄内件性质选择封装所用包袋或容器。以下几种包袋（容器）不得使用：

（1）企业规定外的包袋或容器。

（2）有 2 cm 以上破洞的包袋或容器及裂口非机器缝补或破洞用绳捆扎等不能分清责任、保证内件安全的包袋。

（3）水湿、油污、形状改变的包袋。

（4）印有其他快递企业标识的包袋或容器。

（5）印有与快件内容不符图案的包袋。

2. 总包封装的基本要求

将打印出的清单与快件一同装入总包空袋（容器）中，用专用工具封扎、封闭袋口或容器开口，并拴挂包牌或标签的过程称为总包封装。其操作基本要求如下。

（1）总包袋的操作

1）选用大小适宜的包袋。应根据快件的数量和体积合理选用总包空袋的大小，切忌用大号总包空袋封装少量快件。

2）在空袋一侧贴上预制的包签，其粘贴位置应依据袋（包）内快件盛装的多少而定，一般应在总包封扎后的中上部为宜。

3）将规范的总包空袋置于撑袋车或撑袋架上，如图 6—3 所示。

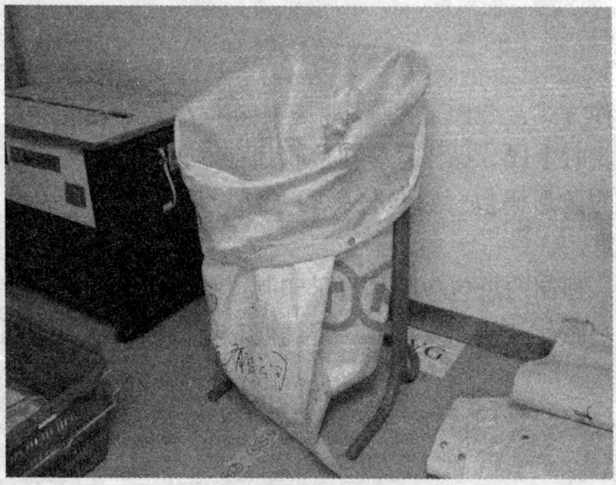

图 6—3　撑袋架

4）装入快件。具体要求如下：

①将制作清单后的快件，按“重不压轻，大不压小，结实打底，方下圆上，规则形

放下、不规则形放上”的原则装袋。

②如果内件为易碎和液体的快件应尽量单独封袋，若与其他快件混封应放在最上层。

③信件型快件与包裹型快件及保价快件、代收货款、到付快件、限时快件应分别封装总包袋。如果采用混合封装方式，要求信件型快件捆扎成捆。

④快件装袋时，运单向上摆放。

⑤快件装完袋后，需随袋发走的封发清单要放入特制的封套内放入总包。总包袋盛装的体积不能超过整袋的2/3，质量不宜超过32 kg。

5）把撑袋车或撑袋架上的袋口卸下收紧。在贴近快件处使用专用或特制的绳或塑料封带将总包袋扎紧封口。

（2）袋口封扎的方法

1）使用无接头的棉质蜡绳时要按专用扣捆扎法扎紧，总包的条形码袋牌垂直拴在绳上，袋牌牌面向外，串上（专用）封志用品，扎绳收紧同时将绳交叉打结，然后用专用工具固封袋口封志（印膜清晰），剪去多余绳头。如需拴挂两个袋牌的，要分别在两个绳串上。

2）使用塑料封带时，在塑料封带的预制牌面上粘贴打印或印制的总包条形码包牌，收紧袋口封扎，把封带尾部穿入封扣中并用力收紧，使其不能捋下或串动。

3）使用封尼龙编织袋时，用专用便携式缝包机在袋口均匀骑缝。

（3）轮式笼和集装箱的操作

1）要选用无损坏、无形状改变的轮式笼和集装箱。

2）装入快件。具体要求如下：

①制作清单后的快件，按“重不压轻、大不压小、小件填装空隙”的原则装笼或箱。

②若笼和集装箱内有隔板，轻件或易碎和液体应尽量在隔板上方。

③当文件类快件与物品类快件混装时，保价快件、代收货款、到付快件等同类件要集中码放或间隔。

④快件装笼（箱）时，运单向上摆放。

3）快件装完后，将清单放入特制的封套中放入笼或箱的最上层。

4）正确关闭笼或箱门。

5）笼或箱门要使用专用或特制的绳或塑料封带封扎。

6）使用绳封扎时，先将绳一头穿入锁孔中，穿上袋牌，再穿上封志用品要使用专用工具妥封。使用塑料封带封扎时，先将封带尾部穿入锁孔中，穿上袋牌，再穿入封带顶部的扣眼中，用力收紧。使用条形码包签时，包签要贴在笼和集装箱正面的上部指定区域内。

3. 质量检查

总包是由多个快件汇集而成。为保证总包封装的快件准确、安全的传递，应对总包进行质量检查，对封发总包产生的差错及时纠正。质量检查有以下几项内容：

（1）检查总包的包牌、封志、袋身（笼或箱体）、重量等规格是否符合要求。

（2）检查总包袋牌或包签的条形码是否整洁完好无损。

（3）检查是否符合操作系统信息处理要求。

（4）检查对需要赶发时限的快件是否优先封发处理，是否赶发指定的航班或航次。

五、登单封发作业后的检查

1. 检查总包封发规格及条形码质量，检查现场有无漏封发邮件。

各分拣单位的质量检查人员应在封发总包前，抽检机器和手工分拣入格或下袋的散件快件分拣质量。总包封发后，抽查封发质量和交发路向等，每日填写质量检查记录。

2. 对散件及封发的总包进行质量检查，检查的项目和检查的方法包括：

（1）对于散件。检查手工或机器分拣有无错误。

（2）对于总包。检查包牌、封志、绳扣、袋身等是否符合规格；封妥的包牌同路单上的登记是否相符，车次、路向是否正确；有无漏封的格口，现场有无遗留邮件。

（3）对每个分拣台席的检查次数、数量基本均衡，对重点人、重点项目可增加检查次数和数量。

（4）检查出的差错，质检员要当即给予指正，并如实记录，在质检员签字的同时，差错责任人也要签字，并记录检查结果。

（5）对各岗位生产人员执行规章制度的情况进行检查。

【参考阅读 6—1】邮政 EMS 国内快件分拣封发处理规则

1. 国内特快邮件分拣封发的基本规定

（1）各局必须严格执行统一规定的特快专递邮件传递频次和时限，必须严格执行统一确定的特快专递邮件直封和经转关系，必须严格执行统一制定的特快专递邮件处理规格标准，认真执行交接验收、勾挑核对、平衡合拢 3 项基本制度。

各局应按照国家邮政局邮政通信作业组织管理的相关规定，科学合理地组织生产作业，切实做到邮件处理安全顺畅。

（2）邮件分拣封发作业应根据邮件传递频次、时限规定，合理地调配劳动组织和作业流程，具体规定邮件出、进、转口作业处理的班次，并根据邮运班次、运邮工具到开时刻和上级核定的本部门作业处理的具体时限，划分出各工序岗位的分段作业处理时限，并绘制《邮件分拣封发综合作业计划图表》，指示和协调各项作业正常有效地进行。

（3）各局对各个作业处理工序、岗位都要制定明确的作业内容、操作要求和处理特快专递邮件应达到的规格标准，建立健全岗位责任制度，有效地实施质量控制，提高工作效率，保证分拣封发质量。

（4）各局应加强分拣封发生产场地的管理，执行通信保密有关规定，严密看管特快专递邮件。各局要制定生产现场守则，实行封闭式作业。对于待处理和封发交运的特快专递邮件必须明确保管责任。

（5）特快专递邮件的分拣封发作业计划以最大限度缩短特快专递邮件内部处理时间为原则，严格依照国家邮政局规定的特快专递邮件传递处理频次时限规定制定。

（6）分拣封发部门应当严格按照作业计划组织生产，必须按计划规定的航班或车次赶发特快专递邮件，未经批准不得任意变更。

(7) 国内特快专递邮件不得与国际及我国港、澳、台地区快件混装、混封，也不得与普通邮件混装、混封、混合处理。

2. 出口国际特快专递邮件分拣封发的基本规定

(1) 经转局以下各开办局收寄的出口国际特快专递邮件应封往本省经转局，不可直接封往国际特快专递邮件互换局。

(2) 国际特快专递邮件在国内转发时应按下列规定处理：

1) 应单独封成专袋，不可同国内特快专递邮件混封。

2) 使用国内特快专递邮件封发清单（邮特 2006）登列邮件时，在封发清单相关栏目内加盖“国际”戳记，或书写“国际”字样。

封发清单应对每一接收局分别编列总包顺序号码（不可同国内特快邮件总包混用一套号码)，每年更换一次。在每年封发第一号总包时，还应加注上年末次总包的号码（如 295/1)。

封发清单上应逐件登列邮件号码、收寄局名、寄达国名（填写在备注栏内)、结出总件数，并加盖经手人名章和日戳。

在登列封发清单时，先登列信函、文件资料类邮件，后登物品类邮件，信函、文件资料类的邮件要顺序排列，捆扎整齐。对于退回、误发、撤回、公事邮件，应在清单备注栏内注明。

封发清单应缮备一式二份，一份留存，一份装入清单套（邮 1205）内随邮件发往相关接收局。

3) 封发邮件总包时要一单一袋，不可一单多袋。

4) 使用国内特快专递邮件专用邮袋封装。封装前，应检查邮袋是否完好，袋内有无遗留物品。邮袋如有油污，破口超过 2cm 或破口未用机器缝补的均不能用于封发邮件。

5) 每袋连同袋皮的重量一般为 20 kg，最大重量不得超过 26 kg。内装易碎或流质品邮件，每袋最大重量不得超过 15 kg。

6) 特快邮件袋须由二人会同封装，并要对邮件、清单、袋牌相互核对。

7) 拴挂“国内特快专递邮件袋牌”（邮特 2009)，袋牌上应加注“国际”字样。对于用航空运输（包括一段用航空运输）的邮件总包袋牌上还应注明重量和路由。

8) 袋口应用没有接头的蜡绳牢固地结成蹄扣，拴上铅志和袋牌，用夹钳横轧将铅志清晰地轧出原寄局名，剪去绳头。铅志以外的绳头一般应留 2～3 mm。

(3) 各计算机站点局在封发处理出口国际特快邮件时，应使用计算机国际邮件处理功能作业，保证出口国际特快邮件封发信息的发送上网。封发信息包括总包原寄局、寄达局、总包号码、封发日期和邮件号码。如果收寄信息在此之前未予采集上网，则该局还应将邮件号码、收寄日期、原寄局、寄达国、邮件种类、重量和所收取资费等各项信息录入计算机上网。

(4) 非计算机站点开办局在总包封发完毕后应立即制备封发清单和详情单副本，原始封发清和详情单第二联应尽快利用国内特快专递寄送指定的信息录入局。各省、区、市局可根据具体情况规定上述局将封发清单和详情单第二联传真发相关信息录入局而不寄送原始文件。各录入局收到上述文件后应立即将收寄、封发信息录入计算机上网。

【参考阅读 6—2】邮政邮件总包的登单处理

1. 干线航空通运局应将汇封后交航空运输的各类邮件总袋（包括外走大袋）按其到达最后一个班机卸交局及特快专递、快件、航空邮件等分别登列路单一式二份，一份留底，一份封入“快递邮件分路单专套（邮 1327）”交航方转交邮件到达局。联航邮件每增加一个中转航站相应增加一份交中转航站经转局，作为处理邮件的凭证。以上路单均要标明毛重。

2. 发运局向航方交运邮件，应分别按接收航空通运局依式填制“寄发航空/汽车/轮船邮件总路单（邮 1303）”作为与航方办理交接手续时的凭证和核计运费。交发航空运输的邮件总路单，应按以下规定填制：

（1）交发直达航线各通航局的邮件，应按飞机卸交局分别填制总路单（邮 1303）一式五份，一份交航空站，一份由航空站签退，其余三份随邮件分别带交承运飞机、接收局和航站。

（2）交发非直达航线（即联航）各通航局的邮件，应按邮件到达最后一个班机卸交局分别填制总路单（发运局对于中转航站实行固定吨位运邮的联航邮件总路单按邮件到达该中转航站班机卸交局填制总路单一式五份），路单份数根据当地航站要求填写，但交航方最多不超过六份。

（3）为便于内部各环节处理邮件，减少和航方的交接时间，发寄局应将交航空运输的各类邮件分路单按邮件到达最后一个班机卸交局封成快递邮件分路单专套，在总路单上登记并随总路单一起由航方交给寄达局。

3. 收发邮件路单和收发快件路单，一般应填制一式三份。地面局交发火车、轮船押运班或押运班卸交地面局的，经分别签证后，分发、转运、押运各留一份；交发自办汽车、派押的委办汽车和市内趟车的，经分别签证后，分发、押运或转趟单位、接收局所各留一份。

4. 收发航空、汽车、轮船邮件路单和收发航空、汽车快件路单一般应填一式四份，一份由交发局留存（如分发、转运都需留存的，可增填一份），三份交收运汽车站、码头或航空站。承运单位留一份凭以核计运费外，其余二份随邮件带交接收站，由接收局签收后，站、局各留一份存档。发联航的邮件还应多填一份路单给中转航站。

5. 交发集装箱邮件，应填制路单及总路单各一式三份。一份放入箱内，一份于交运邮件当日用挂号信函寄接收局转运部门，一份留存。路单要注明集装箱号，总路单要注明路单份数、箱数。

6. 同一发运局和接收局的平常函件、报纸袋捆和同一号码的刊袋可以总登一格；连续编号的给据邮件袋、每 5 袋可以总登 1 格，其他必须逐袋登列，不得混登一格。

7. 路单上的“原寄局”和“接收局”栏均需写明相关市、县局名，不得只写支局、所名称。

第二节 快件装运

培训目标

→ 能装运和码放快件

→ 能按照发运计划核对路由信息并建立封志

一、快件的装运流程

1. 提取总包快件

提取总包快件指的是快件处理中心总出口人员到各分拣封发作业区提取出口总包快件。在规定的时限内，由总出口人员到处理中心的相应作业区根据快件种类、计划、发运路向和发运车次的要求分别提取各类出口总包快件。提取总包快件时一般需有交接手续，如果作业现场封闭条件较好，监控设施较完善的情况下，也可实行无手续交接。对不合格快件一律拒收。采用合适的传输方式将总包快件运到处理中心总出口作业区。

快件处理中心总出口人员对于提取来的总包快件按发运计划进行配发处理并制路单。

2. 总包交运

（1）交发直达干线汽车邮路总包。对于交发直达干线汽车邮路总包实行“包装”，即：包规格质量、数量、路向。

装发快件前要对待发快件逐袋勾核，确保数目和路向准确无误。装车时应查验运件车辆车厢厢体是否完好，并按照快件发运计划规定进行顺序装发快件，做到本、转分开，堆位隔离清楚。装车完毕后会同驾押人员对车厢施封。驾押人员核对交发快件总路单与快件路单一致，齐备后签收。

（2）交发邮区内汽车邮路总包。对装发邮区内汽车邮路的总包快件，除数量外，“包装”内容按直达干线汽车邮路规定执行。发运局在装发邮区内汽车邮路快件时，要将快件按卸交局先远后近的顺序装车，并做到隔离清楚，装车时同承运局驾押人员进行快件点数交接。驾押人员核对快件数目、交发路单页数与总路单相符后，在其发运局留存总路单上签收。

（3）交发盘驳和市趟邮路总包。盘驳和市趟邮路总包快件实行点数交接，不再重复勾核。总出口处理人员将交接单（未实现总包信息自动处理时连同发运路单）交给盘驳或市趟邮路驾押人员，接方点数接收。

二、快件码放的要求

快件码放指按某些共同特性和码放原则，将完成分拣封发的快件总包及其出口的快件，整齐排列码放到指定的位置。这个过程既是总包集中码放的过程，也是堆位的形成过程。其基本要求是：

1. 按不同航班和车次及赶发时限的先后顺序建立堆位。搭载同一个航班或同一个车次的总包集中堆放。对同一个车次不同卸交站点的总包快件，应按方便装车的顺序码放。

2. 为了避免混淆，车次或航班的代码和文字等相近、相似的堆位要相互远离。

3. 各堆位之间应有明显的隔离或标志，同时要留有通道，通道宽度一般为 20～30 cm。

4. 快件总包要立式放置，整齐划一排列成行。高度以一层为宜。

5. 代收货款、到付快件和优先快件应单独码放。遇有码放像易碎快件这样有特殊要求的总包单件，应按要求码放。

6. 堆放总包时，不得有扔、摔、拖、拽等损伤快件的行为，应确保袋牌和包签不被损坏或污染。对较轻的总包，用手握住袋口向上提起，放到指定堆位；对较重的总包，双手抓住袋身或专用提带向上提起，放到指定堆位。

7. 对在托盘或移动工具上的总包，码放时应结合工具的载重标准和安全要求码放，但码放高度不宜超过工具的护栏或扶手。

三、车辆的施封

单元 6

车辆的施封是为保证运输车辆安全快速地把快件运达目的地而建立的一种控制手段。

1. 建立车辆封志的操作步骤

以使用塑料条形码封条施封操作为例说明如下：

（1）车辆的押运人员或驾驶员在总包装载结束后将车门关闭。

（2）场地负责人将车辆封志加封在车门指定位置，车辆押运人员或驾驶员监督车辆施封过程。

（3）将塑料条形码封条尾部插入车辆锁孔中，再穿入条形码封条顶部的扣眼中，用力收紧，并确保施封完好。

（4）在出站快件的交接单上登记施封的条形码号。

（5）车辆押运人员或驾驶员与场地负责人在交接单上签字确认。

2. 建立车辆封志的注意事项

（1）施封前，要检查车辆封志是否符合要求，GPS 定位系统是否正常。

（2）施封时，场地人员与司押人员同时在场。

（3）施封后的封志要牢固，要确保不能被抽出或捋下。

（4）条形码在施封过程中要确保完好无损。

（5）封志的条形码号与出站快件交接单登记的号码应一致。施封完毕，应仔细核查。